Die Kunst der freien Rede

Gundula Hirsch

Die Kunst der freien Rede

Mit vielen Übungen, Beispielen und Lösungen

Weltbild Verlag

ISBN 3-89350-968-2

Genehmigte Lizenzausgabe
für Weltbild Verlag GmbH, Augsburg 1995

Zeichnungen: Gabriele Hampel
Pädagogische Mitarbeit: Hans-Jürgen Hirsch

1999418985X817 2635 4453 6271

Inhalt

Einführung 11

Kapitel 1 — **Die freie Rede als Wagnis** 15
Die äußere Haltung des Redners 16
Das Vortragen des Textes 18
Das Auftreten des Redners 20
Gesprächsführung 22
Lernerfolg 24

Kapitel 2 — **Beginn einer Rede** 27
Ansprechen der Hörer 27
Erarbeiten des Redebeginns 30
Vermittlung von Sprachkompetenz 30
Motivierung der Zuhörer 33
Offenlassen von Gedanken 35
Lernerfolg 36

Kapitel 3 — **Sprachgestaltung einer Rede** 39
Lebendige Sprachführung 39
Sprechen in vorgegebener Zeit 44
Lernerfolg 50

Kapitel 4 — **Die Stärkung des Selbstbewußtseins** 53
Das Einprägen eines Textes 54
Selbstsicheres Auftreten 54
Die Phantasie als Brücke 56
Konzentrationstraining 59
Lernerfolg 61

Kapitel 5 | Der Vortrag 63
Spannungspausen 63
Der Schlußsatz 70
Gesprächsführung beim Bildervortrag 72
Anrede und Begrüßung 74
Verknüpfen von Bildern und Gedanken 75
Kritik als Hilfe 76
Lernerfolg 77

Kapitel 6 | Die Bedeutung der Rhetorik 79
Stichwortzettel als Gedankenstütze 80
Die Einleitung 83
Überwindung des Lampenfiebers 85
Das Ende einer Rede 86
Lernerfolg 88

Kapitel 7 | Von der Eintönigkeit zur Dynamik 91
Textstrukturen 92
Änderung einer vorbereiteten Rede 94
Erweiterung des Sprachschatzes 98
Lernerfolg 100

Kapitel 8 | Der Ausdruck in Sprache und Bewegung 103
Bewegung bei Musik 104
Die Körpersprache 105
Einsatz der Gestik 107
Das Vermeiden von Übertreibungen 111
Lernerfolg 113

Kapitel 9 | Mimik, Gestik und Tempo 115
Vortrag mit begleitender Gestik 116
Das Sprechtempo 116
Abheben des Besonderen 118
Gestaltung des Inhalts 121
Interpretation im Vortrag 122
Lernerfolg 123

Kapitel 10	**Die Gefahr der Routine**	125
	Das Erkennen von Intentionen	129
	Zusammenspiel von Wort und Ausdruck	130
	Verbesserung des Sprachstils	132
	Nebensätze	134
	Lernerfolg	137
Kapitel 11	**Das Selbstwertgefühl des Redners**	139
	Freies Auftreten	140
	Locker bis in die Wirbelsäule	141
	Die Spannung im Vortrag	143
	Das Steigern der Erwartung	145
	Erweitern eines Textes	146
	Lernerfolg	148
Kapitel 12	**Die Vortragsveranstaltung**	151
	Ein Partner für die Organisation	152
	Die schlagfertige Reaktion	153
	Entgegnung durch Zurückweisen	158
	Zustimmung und Widerspruch	159
	Die Macht der Zwischenrufer	160
	Lernerfolg	165
Kapitel 13	**Grundlagen der Diskussionsführung**	167
	Mut zum Gefühl	167
	Die Gesprächsleitung	169
	Der feste Standpunkt	174
	Sicherheit zu Beginn	174
	Sprachliche Weiterführung	177
	Die Metapher	179
	Lernerfolg	182

Kapitel 14 **Frage und Antwort** 185
Ablehnung und Erwiderung 187
Fragetechnik 188
Die Nichtantwort 190
Reaktion auf Rückfragen 194
Ablenkungsmanöver 195
Verweigern von Antworten 197
Lernerfolg 199

Kapitel 15 **Die Überzeugungsrede** 201
Die Vermittlung 206
Verhalten des Redners 208
Vortragsweise in Ebenen 210
Lernerfolg 213

Kapitel 16 **Das Streitgespräch** 215
Die Kündigung 216
Vorgefaßte Meinungen 218
Die offene Auseinandersetzung 219
Die Angriffsrede 221
Überzeugen statt Angreifen 223
Wirkung auf die Zuhörer 228
Lernerfolg 229

Schlußkapitel **Vom Redekurs zur Redepraxis** 231

Daß
wir miteinander reden können,
macht uns zu Menschen.

Karl Jaspers

Einführung

Dieses Buch wendet sich an Menschen mit unterschiedlichen Problemen.

Die weitaus größte Gruppe bilden jene, die anfangs Mühe haben, sich sprachlich auszudrücken: Menschen, denen das Herz bis zum Halse schlägt, wenn die wenigen Sätze, die sie sagen wollen, außerhalb des Rahmens eines vertrauten Freundeskreises gesprochen werden. Hier ist Hilfe notwendig, weil diese Menschen sich mitteilen wollen, ihnen aber die innere Kraft dazu fehlt.

Dieses Werk bietet Ihnen als Schlüssel den Gesprächsbeginn, Ihr eigenes Wissen liefert die Fortsetzung, und beides zusammen ergibt den rednerischen Erfolg.

Es gibt jedoch auch Viel- und Schnellredner, die zwar jeden anderen an die Wand reden können, sich dadurch aber selbst in die Isolation treiben und sich in ihrer eigenen Haut nicht wohl fühlen.

Als dritte Guppe seien jene Mitteilungsbedürftigen erwähnt, denen von vornherein jeglicher Mut zum Reden fehlt. Sie wollen nur passiv teilnehmen und weigern sich, nach vorn zu kommen, da sie niemals vor einer Gruppe sprechen können. Diese Menschen befassen sich jedoch gern mit dem dargebotenen Stoff. Und zum Erstaunen aller gelingen ihnen Reden, die eine beachtenswerte Leistung zeigen und damit beweisen:
Reden läßt sich lernen.

Anfänglich normale Erscheinungen beim Redeschüler sind: schwitzende Hände, Kniezittern, trockener Hals; eine Zunge, die sich nur noch schwer beherrschen läßt – man spricht etwas, was man gar nicht sagen will. Diese Anzeichen verlieren sich jedoch allmählich, je mehr der Redner durch sein Einarbeiten und sein Können über den Dingen steht.

Der Erfolg kann sich auch einstellen, wenn Sie den Text zuerst nur lesend erfassen und intensiv aufnehmen.

Mit Hilfe dieses Buches lösen Sie die Probleme, die beim Sprechen auftreten können, direkter und schneller. Es wurde in verschiedenen Berufs- und Altersgruppen getestet. Schüler, Ärzte, Rechtsanwälte, Geschäftsleiter, Hausfrauen, Sekretärinnen, Kindergärtnerinnen, Selbständige, Lehrer, Verkäufer, Eltern, Gruppenleiter, Parlamentarier, Handwerksmeister, Verkaufsleiter, Krankenschwestern, Studenten wurden angeleitet, sich partnerschaftlich zu verständigen.

Vom Lesen zum Arbeiten

Wer an seiner Sprachfähigkeit arbeiten will, bringt die verschiedensten Voraussetzungen mit. Daher wird jeder mit dem vorliegenden Buch unterschiedlich umgehen. Der eine wird blättern und das Buch an beliebiger Stelle aufschlagen, um einzelne Teile einfach nur zu lesen; entscheidend für den Erfolg wäre jedoch die spätere zweite Stufe: die intensive Arbeit allein oder auch mit Partner.

Ein anderer wird sich gleich zu Anfang mit mehreren Partnern in einer Gruppe zusammenfinden, um die einzelnen Kapitel zu erarbeiten. Diese Lösung ist optimal, weil alle Gruppenmitglieder voneinander lernen und sich steigern können. Da die Teile des Buches aufeinander aufbauen, wäre es aber auch hier ratsam, mit Kapitel 1 zu beginnen und schrittweise vorzugehen.

Beim Durcharbeiten der verschiedenen Kapitel werden Sie auch auf Texte stoßen, die dem politischen Alltag entnommen sind. Verstehen Sie jedoch alle Beispiele so, daß sie in keiner Weise einer einseitigen politischen Meinungsbildung Vorschub leisten wollen.

*Kümmere
dich nicht darum,
ob die Wellen, die von dir ins Publikum laufen,
auch zurückkommen –
das sind Kinkerlitzchen.
Sprich unbekümmert um die Wirkung,
um die Leute, um die Luft im Saale;
immer sprich, mein Guter,
Gott wird es dir lohnen!*

Kurt Tucholsky:
Ratschläge für einen schlechten Redner

KAPITEL 1

Die freie Rede als Wagnis

Freie Rede, frei reden – eine verheißungsvolle Aufgabe. Welche ungeahnten Möglichkeiten ergeben sich jetzt für den Redner, unbekümmert und ohne Hemmungen zu sprechen! Fragt er den Dichter, fühlt er sich in seiner Ansicht sogar bestätigt, denn hatte ihm TUCHOLSKY nicht soeben noch zugerufen: »Sprich unbekümmert um die Wirkung, um die Leute, um die Luft im Saale; immer sprich, mein Guter«? Erst bei genauer Betrachtung wird er sich seines Irrtums bewußt, sind es doch Ratschläge für – einen schlechten Redner. Alles, was er sich gewünscht und erträumt hatte, ist damit zusammengebrochen.

Aber was ist freie Rede, wenn nicht unbekümmertes Sprechen?

Stellen Sie sich vor, Sie wollen eine Rede halten, versäumen es aber, die Zuhörer mit einzubeziehen. Diese Rede käme einem Monolog gleich, und eine Barriere zwischen Podium und Publikum wäre die traurige Folge. Deshalb ist es wichtig, eine gezielte Sprache anzuwenden, die je nach Publikum vom Redner variiert werden muß, um den Kontakt zum Hörer zu gewinnen. Die sprachliche Angleichung wird sogar so weit gehen, daß sich der Redner, der in der Öffentlichkeit spricht, überlegen muß, ob er hochdeutsch oder in der Mundart oder nur mundartlich gefärbt sprechen soll.

Mut zur eigenen Überzeugung

Wie flexibel Sie in der Sprache – bezogen auf die Zuhörer – auch sein mögen, ob Sie frei in den Inhalten sind, liegt in Ihrer eigenen mutigen Entscheidung. Wenn Sie Reden von JOHN F. KENNEDY, MARTIN LUTHER KING, MARTIN NIEMÖLLER oder ROSA LUXEMBURG durcharbeiten, wird Ihnen bewußt werden, mit welchem Einsatz große Männer und Frauen für die Verwirklichung ihrer Überzeugung gesprochen haben. Sie nahmen sich die Freiheit, ihre Überzeugung zu äußern, und rüttelten die Menschen auf, mitzugehen oder sich ihnen entgegenzustellen. Aber gesetzt den Fall, dem Redner würden die Inhalte von bestimmten Instanzen vor-

Ein Redner, der von der Idee seiner Rede beseelt ist, wird sagen: »Nicht ich rede, sondern es redet aus mir heraus.«

geschrieben, dann kann man davon ausgehen, daß von ›freier Rede‹ nicht mehr viel übrigbleibt.

Wenn Sie von dem, was Sie zu sagen haben, überzeugt sind, werden Sie kaum Zurückhaltung üben können.

Deshalb verbietet sich auch eine genaue schriftliche Fixierung des Wortlautes, da sie einen freien, situationsgerechten Umgang mit den Inhalten behindern würde. Es hat sich gezeigt, daß die Redner dann an der gefundenen Formulierung ›kleben‹ und nicht mehr frei sprechen können. Stichworte dagegen schränken uns nicht ein, sondern weisen den roten Faden, der uns den Überblick ermöglicht.

Die äußere Haltung des Redners

Die meisten Teilnehmer, die einen Rhetorik-Anfängerkurs belegen und zum ersten Mal vor einer größeren Zahl von Zuhörern sprechen sollen, haben große Schwierigkeiten, richtig mit ihrem Körper umzugehen. Dementsprechend geben sie das äußere Bild eines Fragezeichens ab – ein verbogener, verlegener Redner.

Jeder Redner beeindruckt zweifach: durch die Rede und durch die äußere Haltung beim Auftreten.

Zu einem erfolgreichen Redner gehört aber eine ansprechende und unverwechselbare Erscheinung, die jede Unsicherheit abgelegt hat. Deshalb sollten Sie als angehender Redner alle in diesem Buch enthaltenen Übungen, die Ihnen zu einem selbstbewußten Auftreten verhelfen werden, aktiv durchführen.

In der Beherrschung des eigenen Körpers scheint dabei für viele die größere Schwierigkeit zu liegen. So fragen sie sich, was sie mit Ihren Händen anfangen sollen.

Sie sind versucht, sich irgendwie aus der Affäre zu ziehen, indem sie die Hand in die Hosentasche stecken oder die Hände geschlossen vor dem Körper halten. Dies jedoch ist keine nachahmenswerte Lösung.

Beobachtung aus einer Elternversammlung: Der Lehrer tritt vor, um in diesem Moment die eine Hand vor der Brust zur Faust zu ballen und die andere Hand ebenfalls geballt darüberzuschlagen; so glaubt er, Selbstsicherheit zu gewinnen.

Diese scheinbar belanglose Einzelheit ist für einen psychologisch geschulten Betrachter ein deutliches Zeichen von Unnahbarkeit, entstanden aus Unsicherheit. Ähnlich sollen auch vor dem Oberkörper verschränkte Unterarme einen Redner wie eine Mauer schützen.

Immer wieder ist das sichere Auftreten oder das Stehen vor dem Publikum ein schwieriges Problem für den Redner, schwieriger als die Rede selbst, denn hier werden Hemmungen und Angstgefühle unbeabsichtigt verraten. Ob geballte, gefaltete oder auf dem Rücken verschränkte Hände – die Möglichkeit zur freien Gestik ist nicht mehr gegeben, da die Hände erst aus der Verkrampfung gelöst werden müssen.

Übung zur Körperbeherrschung

- Stehen Sie frei im Raum, ohne sich irgendwo anzulehnen!
- Das Körpergewicht ruht gleichmäßig verteilt auf beiden Beinen, die nur um wenige Zentimeter gespreizt sind; gerade so weit, daß Sie seitlich nicht umfallen und gegebenenfalls Ihr Gewicht nach rechts oder links verlagern können. Im folgenden Text wird dies die Ausgangs- oder Grundstellung genannt.
- Um zu spüren, was lockere Arme sind, verschränken Sie nun beide Arme vor der Brust und lassen dann die Hände locker und schwer nach unten fallen. Nur mit lockeren Armen haben Sie, wie später bei der Anwendung der Gestik gezeigt wird, die Möglichkeit zum Untermalen des Wortes mit den Händen. Vor oder hinter dem Körper übereinandergelegte oder gefaltete Hände sind dagegen nur schwer zu lösen, wenn Sie Gestik bewußt einsetzen wollen.

Von dieser Grundstellung aus – das Gewicht gleichmäßig auf beiden Beinen, die Arme locker – probieren Sie jetzt zwei Abwandlungen mit Gewichtsverlagerung. Überlegen Sie sich dabei die Wirkung auf das Gegenüber.

1. Möglichkeit

Sie treten – von der oben beschriebenen Grundstellung ausgehend – mit einem Fuß einen kleinen Schritt zurück. Das Körpergewicht verlagert sich gleichzeitig auf den zurückgesetzten Fuß.

Welche Wirkung auf die Zuhörer vermuten Sie?

Angst, Suchen nach Anlehnung und Schutzfunktion werden offen sichtbar. Der Redner hat sich in eine Fluchtstellung begeben. Sein Selbstbewußtsein scheint in sich zusammengefallen zu sein, er hat damit bereits an Überzeugungskraft verloren, und der Inhalt seiner Rede zählt nicht mehr. Die Gesamtwirkung dürfte negativ bewertet werden.

2. Möglichkeit

Auch für die zweite Position nehmen Sie zunächst wieder die Ausgangsstellung ein und setzen nun einen Fuß nach vorn. Das Gewicht verlagert sich dabei auf diesen vorgesetzten Fuß.

Welche Wirkung auf den Zuhörer vermuten Sie?

Der Redner ist dem Zuhörer zugewandt. Er scheint von sich und seiner Sache überzeugt zu sein. Man kann sogar den Eindruck gewinnen, der Redner komme dem Publikum entgegen, er sei offen für ein Gespräch. Im wesentlichen ist die Wirkung also positiv, obwohl die Haltung des Redners auch als Angriffsstellung ausgelegt werden könnte.

Folgerungen

Wenn Ihnen in diesem Moment die Gewichtsverlagerung nach vorn auch einleuchtend erscheinen mag, so wird es Ihnen doch schwerfallen, sie in einer Rede konsequent durchzuhalten. Schon nach wenigen Minuten werden Sie mit anderen Dingen beschäftigt sein und sich auf der Flucht nach hinten ertappen. Sie ist jedoch unbedingt zu vermeiden.

Ihre Hände sollten bei der Vermittlung zum Zuhörer aktiv beteiligt sein, aber immer wieder in die ruhige, Ausgangsstellung zurückgleiten.

Sprechen Sie die folgenden Übungen nur in der lockeren Grundstellung, bis Sie diese gut beherrschen. Erst wenn Sie sich sicher genug fühlen, können Sie abwandeln und an besonders bedeutsamen Stellen den Schritt nach vorne wagen.

Das Vortragen des Textes

In dieser lockeren Grundstellung soll die nächste Übung durchgeführt werden: das Lesen eines Textes. Dies ist kein Widerspruch zum Thema des Buches, das Sie befähigen soll, frei reden zu können. Auch in der freien Rede wird es vorkommen, daß Sie wörtlich zitieren müssen, etwa in Berichten und Erklärungen mit verbindlicher Aussage.

Es wäre vorteilhaft, wenn Sie sich für die folgenden Übungen einen Partner suchen oder eine Gruppe finden könnten, die zur Zusammenarbeit mit Ihnen bereit ist. Dabei sollten auch die Rollen getauscht werden. Falls sich dazu keine Gelegenheit bietet, wäre auch die Aufzeichnung mit einem Tonbandgerät oder einer Video-Anlage eine Hilfe, damit Sie sicheres, angstfreies Auftreten üben und Ihre Rednerleistung kontrollieren können.

Für die erste aktive Übung lesen Sie folgende Parabel still für sich durch, bis Sie den Text gut beherrschen; unterstreichen Sie während des Lesens die Stellen, die Ihnen wesentlich erscheinen und die Sie hervorheben möchten.

Bert Brecht: Maßnahmen gegen die Gewalt

»Und Herr Keuner erzählte folgende Geschichte:
In die Wohnung des Herrn Egge, der gelernt hatte, nein zu sagen, kam eines Tages in der Zeit der Illegalität ein Agent, der zeigte einen Schein vor, welcher ausgestellt war im Namen derer, die die Stadt beherrschten, und auf dem stand, daß ihm gehören solle jede Wohnung, in die er seinen Fuß setzte; ebenso sollte ihm auch jeder Mann dienen, den er sähe.

Der Agent setzte sich in einen Stuhl, verlangte Essen, wusch sich, legte sich nieder und fragte mit dem Gesicht zur Wand vor dem Einschlafen: ›Wirst du mir dienen?‹

Herr Egge deckte ihn mit einer Decke zu, vertrieb die Fliegen, bewachte seinen Schlaf, und wie an diesem Tage gehorchte er ihm sieben Jahre lang. Aber was immer er für ihn tat, eines zu tun hütete er sich wohl: das war, ein Wort zu sagen. Als nun die sieben Jahre herum waren und der Agent dick geworden war vom vielen Essen, Schlafen und Befehlen, starb der Agent. Da wickelte ihn Herr Egge in die verdorbene Decke, schleifte ihn aus dem Haus, wusch das Lager, tünchte die Wände, atmete auf und antwortete: ›Nein.«

Das Auftreten des Redners

Wichtigstes Ziel: das sichere und selbstbewußte Nach-vorn-Gehen. Ihre Unterlagen, Ihr Manuskript oder Ihre Stichwortzettel tragen Sie locker neben sich. Erst wenn Sie vorn stehen – und nicht bereits während des Laufens – nehmen Sie Ihre Blätter hoch.

Nachdem Sie Ihren Text durch Lesen und Unterstreichen vorbereitet haben, üben Sie das selbstbewußte und sichere Nach-vorn-Gehen des Redners.

Richten Sie dazu Ihren Raum so ein, daß Sie frei stehen und sich nicht an einem Möbelstück anlehnen können. Dieses unfreiwillige oder bewußte Haltsuchen können Sie täglich in beliebigen Situationen und bei Gesprächen beobachten.

Der Platz, an dem Sie mit oder ohne Partner sitzen, sollte weit genug von jener Stelle entfernt sein, an die Sie zu Ihrer Rede oder Ihrem Vortrag zu treten haben. Auf diese Weise können Sie festes und sicheres Auftreten üben.

Einige Kleinigkeiten sollen an dieser Stelle noch erwähnt werden, da sie für einen Redner in der Öffentlichkeit von Bedeutung sein können. Es ist nicht gleichgültig, wie Sie sich als Redner von Ihrem Sitzplatz erheben, denn Sie stehen im Mittelpunkt des Interesses der Anwesenden. In vorgerücktem Alter wird man es Ihnen verzeihen und Verständnis haben, wenn Sie sich mit Hilfe der Hände von Ihrem Sitz erheben. Wenn Sie jedoch noch jung sind, macht das einen unentschlossenen oder sogar unsicheren Eindruck. Und gerade das Gegenteil möchten Sie ja erreichen.

Viele Rednerschüler vertiefen sich voller Angst auf dem Weg von ihrem Platz zum Rednerpult mit den Augen in ihr Manuskript. In ihrer Not erhöhen sie die innere Spannung noch durch heftiges Einatmen vor dem Sprechen. Sie sollten dieser Angst begegnen und zunächst entspannt ausatmen.

- Erst vor dem Ansetzen zum Sprechen hat das bewußte und kraftvolle Einatmen einen Sinn.

Noch ein weiterer Punkt beeinflußt das Auftreten. Wenn Sie wissen, daß Sie Ihren Lesetext oder Ihre Rede intensiv erarbeitet haben, können Sie mit Freude an die Sache herangehen. Diese Freude darf man Ihnen ansehen, und sie wird zum Gelingen der Rede beitragen. Machen Sie sich in diesem Moment jedoch den Unterschied bewußt zwischen einem nur aufgesetzten Lächeln und der sich in Ihrer Mimik abzeichnenden Freude, die von innen kommt.

Aufgaben von Redner und Zuhörer

Sie tragen die Parabel jetzt vor; dazu nehmen Sie das Textblatt in die Hand. Versuchen Sie, während des lauten Vorlesens Wortgruppen vorausschauend zu erfassen und sie danach mit Blickkontakt zum Partner auswendig wiederzugeben. Blickkontakt heißt, wirklich in die Augen zu schauen und nicht irgendwo in den Raum hinein oder am Partner vorbei. Der Zuhörer soll das Gefühl haben, Sie sprechen zu ihm persönlich.

Damit Sie im Text die Stelle schnell wiederfinden, an der Sie auswendig gesprochen haben, lassen Sie während des Lesens Ihren linken Daumen beim Zeilenwechsel mitrücken. Auf der rechten Seite eines Buches wird diese Funktion entsprechend vom rechten Daumen übernommen.

Ihrem Partner übertragen Sie für die Dauer Ihres Vortrages die Aufgabe, sich Notizen zu machen und anschließend dazu Stellung zu nehmen.

- Das Positive soll dabei immer zuerst genannt werden: was ist dem Redner bereits gelungen, was kann oder soll er noch verbessern?
- Was hat der Sprecher auf dem Weg vom Platz nach vorn bereits gut durchgeführt?
- An welchen Stellen ist dem Redner der Blickkontakt zum Hörer gelungen; soll er ihn häufiger einsetzen?
- Ist der Sprecher in die ›Fluchtstellung‹ zurückverfallen? Wurde es ihm bewußt und fand er danach in die Grundstellung zurück?

Wenn Sie es geschafft haben, selbstbewußt nach vorn zu gehen und Ihren Text mit Blickkontakt zum Hörer vorzutragen, können Sie auf Ihren ersten Erfolg stolz sein.

Damit Ihr Partner sich die gleichen Voraussetzungen zu einem guten Redner erarbeiten kann, findet jetzt ein Rollenwechsel statt. Sie hören zu, während Ihr Partner den Text vorträgt.

Gesprächsführung

Einen Rhetorikschüler in einen Schwätzer und Vielredner zu verwandeln, kann nicht Sinn und Zweck einer Rednerschulung sein. Ob Rede, Vortrag, Antwort oder sogar Nichtantwort – immer sollten die Inhalte im Vordergrund stehen. Sicher wären Sie selbst als Hörer nicht mit leeren Worten zufrieden.

In bisher gehaltenen Rhetorik-Lehrgängen wurde regelmäßig gefragt, welchen Erfolg oder persönlichen Gewinn sich die einzelnen Teilnehmer erhofften. Dabei gaben sie nicht selten folgende Antwort:

»Meine Freunde und Verwandten kritisieren mich, daß ich den ganzen Tag nur schwätze, und ich möchte lernen, weniger zu sprechen, dafür aber so zu reden, daß mich meine Umwelt stärker akzeptiert.«

Reden und Zuhören

Vielredner registrieren meistens gar nicht, was der andere sagt. Die Bereitschaft, aktiv zuzuhören, ist aber eine wichtige Voraussetzung für die Redekunst. Üben Sie die Konzentration auf die Worte des Gegenübers bei dem folgenden kleinen Spiel.

Falls Sie dieses Buch allein durcharbeiten, können Sie sofort zu Seite 23 weitergehen. Lesen Sie den Text auf dem Rand einmal laut durch und versuchen Sie, ihn anschließend aufzuschreiben. Damit haben Sie für Ihr Gedächtnistraining genügend getan.

Sie erzählen Ihrem Gesprächspartner eine kurze Geschichte, die Sie gelesen, frei erfunden oder einmal erlebt haben. Der Partner soll Sie nicht unterbrechen, aber anschließend den genauen Inhalt wiedergeben (in der Sie- oder Du-Form) und die Geschichte mit eigenen Worten kommentieren. Als Hörer übt Ihr Partner dabei ganz bewußt, persönliche Eindrücke zurückzuhalten, durch deren Einwurf er die Gedanken des Erzählenden ablenken oder sogar abwürgen würde. Sie kennen das sicher aus eigenem Erleben: Sie möchten etwas berichten und werden durch den Einwurf unterbrochen: »Ach ja, da fällt mir gerade etwas Ähnliches ein...«

Nachdem Ihr Partner Ihre Erzählung abgeschlossen hat, wechseln Sie bitte die Rollen, damit auch Sie sich im Zuhören üben können.

Aufgaben des jeweiligen Erzählers sind:

- die Aufnahme von aktivem und selbstbewußtem Blickkontakt zum Zuhörer
- das Einhalten des zeitlichen Ablaufs der Ereignisse
- das Bilden von klaren Satzkonstruktionen, die dem Hörer das inhaltliche Folgen ermöglichen

Aufgaben des jeweiligen Hörers sind:

- die Konzentration auf das Vorgetragene
- das Zu-Wort-kommen-Lassen des Erzählers
- das aktive und beteiligte Zuhören – wobei Unterbrechungen nur bei notwendigen Rückfragen erfolgen sollen
- das Zurückhalten eigener Gedanken oder Erlebnisse

Konzentrationsübung

Während einer Studie zum aktiven Zuhören ist deutlich geworden, wie schwer es fällt, sich auf den anderen so zu konzentrieren, daß man den Inhalt des Gesprochenen in allen Einzelheiten versteht und behalten kann. Testen Sie deshalb Ihre Konzentrationsfähigkeit noch einmal und lassen Sie sich von Ihrem Partner die Zeilen des nebenstehenden Gedichtes ganz langsam vortragen. Sie sollen den Text anschließend nacherzählen. Lesen Sie also noch nicht weiter, sondern reichen Sie das Buch Ihrem Partner.

Dieses Gedicht ist ein Beitrag eines Schülers früherer Redner-Lehrgänge.

»Ich ging in den Wald.
Da kam mir ein Baum entgegen.
Auf einem Ast saß ein Vogel.
Der Ast winkte mir zu.
Er hatte blaue, grüne und gelbe Blätter.
Und der Baum verneigte sich.«

So kurz und unscheinbar der Text für einen Leser zunächst erscheinen mag, es ist nicht leicht, ihn nachzuerzählen, weil der Inhalt erst aufgeschlossen werden muß. In den Rednerkursen wurde den Teilnehmern bei dieser Gelegenheit die Aktualität in der Beziehung zwischen Mensch und Natur bewußt:

der Mensch in seinem Verhalten zur Umwelt und umgekehrt das versöhnliche Verhalten der Natur.

Die ausgeführten Übungen haben Ihnen sicher verdeutlicht, wie schwierig das Zuhören sein kann und wie viel Konzentration es erfordert, von Anfang bis Ende bei der Sache zu sein. Diese Konzentration ist für den Redner so entscheidend, daß Sie es nicht bei diesen wenigen Übungen belassen, sondern sie in Ihrem Alltag fortsetzen sollten, denn auch richtiges Zuhören hilft Ihnen, daß Sie ein guter Redner werden.

Lernerfolg

Die Lernziele von Kapitel 1

Sie haben durch Ihre aktive Mitarbeit erkannt, daß

- der Vortrag in freier Rede eine flexible Sprache und einen selbstsicheren Umgang mit den Inhalten verlangt.
- freie Rede nicht nur unbekümmertes Sprechen heißen kann.
- Sie durch einen aktiven Blickkontakt die Hörer während der Rede fesseln können.
- man Ihnen das Engagement und die Freude am Inhalt des Themas ansehen darf.
- freie Gestik den Vortrag in bestimmter Weise unterstützt.
- sowohl der Vortrag selbst als auch die freie Gestik eine gelockerte, unverkrampfte Muskulatur voraussetzen.
- Sie als Redner frei von Hemmungen und Angstgefühl auftreten müssen.
- es für ein Gespräch entscheidend ist, dem Partner genau zuzuhören und ihn nicht mit eigenen Belangen zu unterbrechen.
- Ihre eigene Konzentrationsfähigkeit durch aktives Zuhören gestärkt werden kann.

Hast
Du bei einem Werk
den Anfang gut gemacht,
das Ende wird gewiß nicht minder
glücklich sein.

Sophokles

KAPITEL 2

Beginn einer Rede

Ansprechen der Hörer

Der Leitspruch soll eine Aufmunterung für Sie sein, den Anfang Ihrer Rede mit besonders viel Sorgfalt vorzubereiten, denn der Hörer will sich gleich zu Beginn angesprochen fühlen. Lassen Sie sich deshalb niemals zu dem Verlegenheitssatz seiner Einleitung »Ich möchte Ihnen heute ...« animieren.

Nichts ist leichter, als eine solche Schablone zu übernehmen, mit deren Hilfe ein Redner sich das ›Nachdenken-Müssen‹ und das gleichzeitige Bemühen um den Hörer ersparen kann. Dieser Einstiegssatz erfreut sich solcher Beliebtheit, daß er ständig weitergegeben und gern verwendet wird. Durch das »Ich« an herausgehobener Stelle gleich zu Anfang gerät aber der Zuhörer in plötzliche Konfrontation mit den Wünschen des Redners. Eine unbewußte oder bewußte Abwehrhaltung wird die Folge sein.

Der Anfang entscheidet

Da von einem guten Einstieg das Gelingen Ihrer Rede abhängt, werden Sie in der Gegenüberstellung der folgenden Beispiele lernen, sich schon bei Redebeginn um die Einbeziehung der Hörer zu kümmern. Vergleichen Sie dazu die Musterbeispiele ›Falsch – Richtig‹.

Die falsche Möglichkeit zeigt, wie Sie es in Ihrer Einleitung später nicht machen sollten. Die richtige Möglichkeit vermittelt Ihnen dagegen den Weg, die hörerzugewandte ›Sie-Anrede‹ einzusetzen. Bei der hier vorgegebenen Wahl der Themen geht es nicht um das Inhaltliche, sondern allein um die Probleme des Beginns Ihrer Rede, wie immer das Thema auch lauten mag.

Fotografieren als Hobby

Richtig

»Wenn Sie ein Fotoalbum bei Freunden aufschlagen, dann freuen Sie sich und sagen: ›Welch' schöne Bilder sind das! Würden doch meine Aufnahmen auch so gut gelingen.‹«

Der Hörer kann sich mit dem Inhalt des Vortrags identifizieren, weil er direkt angesprochen und in das Geschehen einbezogen wird.

Falsch

»Ich möchte Ihnen heute zeigen, wie man schöne Bilder fotografieren kann ...«

Der Redner stellt sich mit der Hervorhebung des ›Ich‹ über den Hörer; die Kürze der Einleitung ist zu unverbindlich.

Werbegespräch

Angenommen, Sie haben ein Gespräch über Hausratversicherungen zu führen, in der Absicht, damit Kunden zu werben:

Richtig

»Kennen Sie eigentlich den Wert Ihrer Wohnung?«

Der Redner beginnt mit einer Frage, die nicht ihn, sondern den Interessenten betrifft. Dadurch wird der Hörer zum Mitdenken aufgefordert und aus seiner passiven Rolle als Zuhörer befreit.

Falsch

»Ich möchte Sie heute über die Möglichkeiten informieren, wie Sie Ihren Hausrat ausreichend und finanziell günstig versichern sollten.«

Der Redner beginnt in der Ich-Form und stellt sich damit in den Vordergrund. Für ihn ist der Hörer zweitrangig und interessiert nur am Rande. Dies ist keine gute Voraussetzung für das Gelingen eines Werbevortrags.

Das Mofa, mein Steckenpferd

In einer Schulklasse soll ein Jugendlicher über sein Steckenpferd ›Mofafahren‹ in der Form eines Kurzreferats berichten:

Richtig

»Was dem einen sein Pferd, ist dem andern sein Mofa ...«

Dieser Anfang wirkt durch das Andeuten eines Sprichworts – ›Was dem einen sein Uhl, ist dem andern sin Nachtigall‹ – humorvoll. Der Hörer wird sofort beim ersten Satz mitdenken und seine passive Rolle aufgeben.

»Ich möchte euch heute erzählen, warum ich so gern Mofa fahre...« — Falsch

Der Schüler wird mit einer Rede, die er so beginnen läßt, nicht alle Klassenkameraden ansprechen und für seine Darstellung begeistern können.

Reifenwechsel

Helfer von Autoklubs werden gern herangezogen, um Autoneulingen und Führerscheinanwärtern Wichtiges zur ›Ersten Hilfe‹ am Kraftfahrzeug zu erläutern:

»Eine Reifenpanne passiert zum Glück nicht jeden Tag, aber ganz bestimmt, wenn Sie gar nicht damit rechnen. Trotz des Regens sind Sie in einer gehobenen Stimmung, da Sie sich auf ein Abendessen bei Freunden freuen. Nach einigen Kilometern zwingt Sie ein starkes Geräusch am Auto zum Anhalten: eine Reifenpanne im schrecklichsten Regenwetter!« — Richtig

Gute Redner wecken gern mit einem Beispiel das Interesse der Hörer. Diese Zuhörer werden motiviert, aktiv den Inhalt des Vortrags aufzunehmen. Vergleichen Sie dazu auch die Einleitung der Rede in Kapitel 15 mit dem aktuellen Einstieg.

»Ich möchte Ihnen heute erzählen, wie man an einem Auto den Reifen wechselt.« — Falsch

Wieder ein Einstieg in der Ich-Form; hier spricht der Schulmeister und versucht, in lehrerhafter Weise den Zuhörern etwas aufzupfropfen. Mit diesem Anfang wird er leicht eine Distanzhaltung beim Hörer erzeugen.

Wir bewirten Gäste

Bei einem Fachvortrag in der Hauswirtschaftsschule wollen die Anwesenden nicht nur belehrt, sondern auch angeregt und positiv angesprochen werden:

»Sie kennen sicher die Gastfreundschaft in überseeischen Ländern und wissen, wie dort Gäste betreut und bewirtet werden. Wir wollen einmal versuchen, diese schönen Sitten hier nachzugestalten.« — Richtig

Es wird an Bekanntem oder sogar Exotischem angeknüpft, um das Interesse anzuregen. Die Einleitung erhält dadurch Farbe und versetzt die Zuhörer in Spannung.

Falsch

»Wir sind heute zusammengekommen, um darüber zu sprechen, wie man seine Gäste auf das angenehmste bewirten kann.«

Dieser Redebeginn ist umständlich und farblos formuliert. Es fehlt an der schmackhaften Garnierung der Sprache.

Erarbeiten des Redebeginns

Welche der angeführten Formulierungen fanden Sie besonders ansprechend, welche fanden Sie weniger gut gelungen? Begründen Sie Ihre Wahl in einigen Stichworten.

Themenvorschläge

Freude mit Haustieren
Arbeit im Garten
Grillabend im Freien
Vorbereitungen zu einer Party
Mein Hobby

Suchen Sie sich jetzt zwei der angeführten Themen aus und formulieren Sie dazu jeweils schriftlich eine Einleitung. Dafür gibt es zwei Möglichkeiten:

- Sie verwenden eine direkte Frage,
- Sie erzählen ein Beispiel in Form einer Geschichte, beziehen aber den Hörer ein.

Vergleichen Sie Ihre Einleitungen mit den angeführten Beispielen und beurteilen Sie kritisch – vielleicht mit der Unterstützung Ihres Partners –, ob Ihre Einleitung zu den richtigen oder den falschen Beispielen neigt.

Wenn Sie nicht in der Ich-Form begonnen haben, ist Ihre Aufgabe gut gelöst.

Vermittlung von Sprachkompetenz

Nachdem Sie die Formulierung von hörerbezogenen Einleitungen geübt haben, wenden Sie Ihre Kenntnisse jetzt in einer Rede an. Dazu erhalten Sie in der folgenden Übung jeweils drei Hauptwörter (Substantive) in Gruppen zusammengestellt. Damit erzählen Sie eine frei erfundene Geschichte mit einem logischen Inhalt. Für diese freie Rede steht Ihnen eine kurze Vorbereitungszeit zur Verfügung.

Für Anfänger:

Auto – Schirm – Brieftasche
Reise – Handtuch – Regen
Frühling – Blüte – Abschied

Wählen Sie eine der angeführten Wortgruppen und überlegen Sie sich dazu eine Einleitung, die Sie auf einem DIN-A5-Blatt schriftlich ausformulieren. Notieren Sie auf einem zweiten Blatt die drei Begriffe, die wie bei jedem Stichwortzettel in übersichtlicher Form untereinander stehen sollen. Zum Vortragen nehmen Sie beide Blätter mit nach vorn, um sie gegebenenfalls sofort zur Hand zu haben. Ihre Stichwortzettel sollten Sie grundsätzlich nur auf einer Seite beschreiben. Damit ersparen Sie sich das Drehen und Wenden und hilfloses Suchen in Ihren eigenen Aufzeichnungen.

Die drei Begriffe sind absichtlich jeweils beliebig zusammengestellt, sonst wäre das Ganze keine Phantasieübung.

Für Fortgeschrittene:
Schreibmaschine – Reporter – Fachwerkhaus
Leben – Liebe – Gesundheit
Freizeit – Jugend – Arbeit
Politik – Ehrlichkeit – Verantwortung

Redeübung

Nach dieser Vorbereitung erzählen Sie jetzt Ihrem Partner oder einem vorgestellten Publikum unter Verwendung der zugehörigen drei Begriffe Ihre erdachte Geschichte und beginnen dabei mit der vorformulierten Einleitung. Obwohl Sie den Einstiegsatz auf dem Papier haben, dürfen Sie nicht in den Fehler verfallen, ihn an dieser Stelle ablesen zu wollen. Den ersten Satz einer Rede sollten Sie im Wortlaut immer gut im Kopf haben.

Achten Sie beim Hauptteil besonders darauf, daß Sie ausführlich genug reden und nicht etwa versuchen, die drei Substantive in einem einzigen Satz unterzubringen. Zur Kontrolle seien Ihnen zwei Beispiele gegeben.

1. Gestaltungsbeispiel
Europa – Brille – Hölle

»Wer träumt nicht von einer schönen Reise, die mit vielen Erlebnissen verbunden ist? Wenn man nicht gerade im Lotto gewonnen hat, muß man lange dafür sparen. Aber endlich ist es soweit.

Wie es mir auf meiner Reise durch Europa ergangen ist, will ich Ihnen erzählen. Wir besuchten die Hauptstädte mit ihren Sehenswürdigkeiten. Aber gleich zu Beginn stellten sich die ersten Schwierigkeiten ein. Ich hatte nämlich versäumt, vor Reiseantritt meinen Augenarzt aufzusuchen. Mit meiner alten Brille konnte ich nicht mehr ausreichend sehen und dachte mir: eine Brille, die nicht mehr funktioniert, das ist ja die Hölle. Aber man muß sich zu helfen wissen. Ich suchte auf unserer ersten Station in Paris einen Augenarzt auf. Mit einem dicken Minus in der Brieftasche, aber offen für alle schönen Erlebnisse, die mir nun nicht mehr entgehen konnten, setzte ich die Reise fort.«

2. Gestaltungsbeispiel

Aktivkohle – Führerschein – Bildungslücke

Mit einer solchen Einleitung können Sie aus dem Stegreif sprechen und gleichzeitig überlegen, wie Sie weiter formulieren.

»Hand aufs Herz: Aktivkohle – Führerschein – Bildungslücke – diese drei Begriffe haben scheinbar gar nichts miteinander gemein. Daß sie sich aber zuweilen dennoch berühren, will ich im folgenden beweisen.

Ein aufregendes Erlebnis ist es, wenn man seinen Führerschein erworben hat. Meine erste Fahrt war keineswegs ein Ausflug in eine reizvolle Landschaft, auch nicht zu Freunden, um den Führerschein zu feiern, wie man es sich vielleicht vorstellen könnte. Meine Fahrt war etwas ganz Alltägliches, aber im Zusammenhang mit der ersten Allein-Fahrt und dem neu erworbenen Führerschein dennoch etwas Außergewöhnliches. Es gab etwas, das mir keine Ruhe ließ und das ich unbedingt herausfinden wollte.

Zuallererst fuhr ich in einen Buchladen, um mir ein Nachschlagewerk zu besorgen. Ich konnte mir nämlich absolut nicht vorstellen, was der Begriff ›Aktivkohle‹ bedeuten soll, auf den ich kürzlich gestoßen war. Diese Bildungslücke wollte ich nicht länger auf mir sitzen lassen.«

Wenn Sie die beiden Beispiele gelesen haben, vergessen Sie bitte nicht, die Übung von S. 30 durchzuführen; dann überprüfen Sie Ihre Leistung. Geben Sie danach auch Ihrem Partner Gelegenheit, seine Kenntnisse auszubauen.

Spiel mit Wortkarten

Und schon wartet auf Sie das nächste Übungsspiel. Wenn es Ihnen Spaß macht, mit Schere, Papier und Malstiften umzugehen, schneiden Sie sich nun 12 kleine Kärtchen (etwa 3–4 cm im Quadrat) und schreiben oder malen Sie darauf verschiedene Gegenstände. Legen Sie die Kärtchen danach verdeckt und gut gemischt auf den Tisch und wählen Sie drei beliebige davon aus; die Begriffe ergeben Ihre Geschichte.

Auch in diesem Spiel brauchen Sie wieder eine gelungene Einleitung; sicher fällt Ihnen etwas Hübsches und Originelles ein. Ihren Einleitungssatz schreiben Sie am besten auf, bevor Sie mit Stichwortzettel und Einleitungsblatt nach vorn gehen, um vor Ihrem Partner oder dem vorgestellten Publikum frei zu reden. Nach der Besprechung Ihrer Leistung wechseln Sie bitte die Rollen, damit der Partner jetzt sein Können zeigen kann.

Motivierung der Zuhörer

Auch wenn Sie erst am Anfang Ihres Rhetorik-Lehrgangs stehen, verfügen Sie bereits über Kenntnisse im Sprechenkönnen und Auftreten. Sie sollten deshalb häufig Redner im Fernsehen oder in der Öffentlichkeit beobachten, wie sie sprechen und agieren. Dadurch werden Sie für sich selbst viel profitieren können, indem Sie Positives übernehmen, aber auch weniger gute Rednerangewohnheiten erkennen und ablehnen lernen.

Spannung durch Verzögern

Bei einem guten Redner ist man oft überwältigt, wie er die in der Einleitung angesetzte Spannung bis zum Schlußsatz aufrecht erhält. Für eine Überzeugungsrede ist dies in jedem Falle angemessen, belebt sie ja der Redner durch seine ganze Persönlichkeit. Doch auch bei einer eher sachlichen und unterrichtenden Grundtendenz wird er packend und fesselnd zu berichten wissen. Das ist in sich kein Widerspruch. Denn mit ein wenig Geschick und ›Gewußt wie‹ können Sie es ebenfalls erreichen, wie Ihnen das nächste Beispiel zeigen wird.

Stille im Saal

Bei der Veranstaltung einer Jugendgruppe, die mit einem Lied auftreten wollte, gelang es dem Lehrer, der die einführenden Worte sprach, einen großen Saal voller Zuhörer derart in Spannung zu versetzen, daß eine ungeheure Stille herrschte. Wie schaffte er das?
Beobachten Sie, wie der Redner die Spannung ansetzt, wie er bewußt verzögert und verschleiert. Vergleichen Sie die Einleitung und den Schluß miteinander. An welcher Stelle löst der Redner das Rätsel und läßt die Hörer das erste Mal erfahren, um welche angesprochene Person es sich hierbei handelt?

Beschreibung einer Persönlichkeit

»Es war im Jahre 1828. Und die Geschichte dieses Mannes, um den es hier geht, konnte nie endgültig aufgehellt werden.

Zuerst tauchte er in Nürnberg auf. Bei der gerichtlichen Vernehmung erzählte er, er habe, solange er denken könne, allein in einem dunklen Raum gesessen.

Zweimal stellte man seinem Leben nach. Jedoch kam er das erste Mal mit einer Schnittwunde davon, die ihm ein

Unbekannter zugefügt hatte. 1831 adoptierte ihn ein Engländer, Lord Stanhope, und übergab ihn in die Hände eines Volksschullehrers nach Ansbach. Bei einem dortigen Gericht wurde er mit einfachen Schreibarbeiten als Aktenkopist beschäftigt, da seine geistige Entwicklung zurückgeblieben war.

Am 14. 12. 1833 trachtete man das zweite Mal nach seinem Leben: drei Tage später starb er. Es ist die Geschichte von KASPAR HAUSER.«

Der Redner verzögert in der Einleitung und im Hauptteil und verschleiert bewußt den Namen des Helden.

Durch eine schrittweise Beschreibung der Person versucht der Redner zu erreichen, daß der Hörer die Lösung selbst findet. Der Redner zieht den Spannungsbogen, den er am Anfang der Rede angesetzt hat, weit hinauf, um ihn am Schluß plötzlich freizugeben.

Machen Sie sich nun Stichpunkte zu dieser Geschichte und erzählen Sie sie anschließend – frei im Raum stehend – in bewußter Verzögerungstechnik nach. Der Name des Helden soll erst am Schluß des Berichtes genannt werden. Achten Sie darauf, so aufzutreten, wie es bisher schon in Kapitel 1 geübt wurde. Ihr Partner nimmt anschließend Stellung zu Ihrer Leistung. Bei der Kritik sollte nicht vergessen werden: – zuerst das Positive nennen, dann hinzufügen, was verbessert werden soll.

Rollenwechsel

Damit Sie lernen, eine rednerische Leistung zu beurteilen und die nötigen Schlüsse für sich selbst zu ziehen, schlüpfen Sie jetzt in die Rolle des Zuhörers. Ihr Partner erfindet den Lebenslauf einer beliebigen Persönlichkeit, die er sich gerade vorstellt, und trägt ihn in der beschriebenen Verzögerungstechnik vor. Besprechen Sie anschließend, was verbesserungswürdig ist.

Offenlassen von Gedanken

Ein weiteres Beispiel eines Textes soll hier folgen. Beobachten Sie, wie der Verfasser gezielt Gedanken offen läßt. Welche Wirkung ruft er damit beim Zuhörer hervor?

Eine wahre Begebenheit

»Die meisten Menschen fahren gern tagsüber auf den Straßen. Aber ich liebe es, nachts mit dem Auto zu fahren, selbst wenn es sich um große Strecken handelt.

Auf meiner Fahrt von Hamburg nach Frankfurt am Main begegnete mir etwas Seltsames. Etwa fünfzig Kilometer hinter Göttingen fiel mir ein Pkw auf, der am Randstreifen mit eingeschalteter Warnblinkanlage hielt oder parkte. Da ich es als meine Pflicht ansehe, in jedem Falle zu helfen, hielt ich mein Fahrzeug an.

Was ich in dem haltenden Pkw sofort bemerkte, war ein Kind von vielleicht vier Jahren, das sich anscheinend in Atemnot befand und eine ratlos sich abmühende Mutter. Ich machte mich sofort auf den Weg und benachrichtigte einen Notarztwagen, der auch in wenigen Minuten erschien.

Den Vorfall hatte ich bereits wieder vergessen, als ich eines Tages ganz unvermutet zu einer Gerichtsverhandlung vorgeladen wurde. Dort mußte ich erfahren, daß das Kind anschließend gestorben war.«

›Erreicht‹ Sie der Redner mit diesem Erzählstil eher, als wenn er die einmalige Begebenheit banal erzählte? Können Sie sich Schilderungen von Ereignissen vorstellen, bei denen Sie selbst sich dieses Stils bedienen möchten? Wird dadurch der Hörer stärker an Ihrer Schilderung und den damit verbundenen Ereignissen beteiligt?

Anregung zum Mitdenken

Durch das Offenlassen von Gedanken regt der Erzähler das Mitdenken des Zuhörers an und holt ihn aus seiner passiven Rolle heraus. Der Hörer wird dadurch in einer Diskussion oder einem anschließenden Gespräch zu spontanen Fragen veranlaßt.

Am Textbeispiel ›Eine wahre Begebenheit‹ wird ein wichtiges rhetorisches Problem deutlich: das Reduzieren-Können. Gerade für die Vielredner wäre dieser Prozeß des Arbeitens an sich selbst besonders wichtig. Es gibt ja nicht nur Rednerschüler, die lernen wollen, aus sich herauszugehen, sondern umgekehrt auch solche, die lernen müssen, sich zu beschränken. Dafür sind insbesondere Übungsbeispiele notwendig, die dem Gegenüber die Chance lassen, mitzudenken und zu Wort zu kommen.

Lernerfolg

Die Lernziele von Kapitel 2

Für die Ausarbeitung einer Rede haben Sie folgendes gelernt:

- In der Einleitung vermeiden Sie ›Ich‹-Formulierungen und schablonenhafte Sätze wie ›Ich möchte Ihnen heute ...‹.
- Den Hörer beziehen Sie bereits bei Redebeginn mit einem ihn persönlich ansprechenden ›Sie‹-Bezug in das Geschehen ein.
- Mit einem aktuellen Beispiel in der Einleitung verleihen Sie Ihrer Rede Zeitbezug und besondere Anschaulichkeit.
- Das gilt auch für ein historisches Beispiel, das durch seine Bedeutung in unser heutiges Leben hineinragt.
- Im Hauptteil der Rede können Sie den Hörer durch Verzögerungstechnik zum Mitdenken veranlassen.
- Durch bewußtes Offenlassen von Gedanken regen Sie die Aktivität des Hörers in besonderen Situationen an.

Worte
brauchen nicht unbedingt Zustimmung,
wohl aber offene Ohren und Zeit,
um vorgebracht zu werden.

Herbert Kalläne

KAPITEL 3

Sprachgestaltung einer Rede

Obwohl Sie erst zwei Lektionen durchgearbeitet haben, konnten Sie schon lernen, wie Sie eine Rede beginnen sollen, wie Sie sie in einen geformten Guß bringen, wie Sie Spannung erzeugen und sie durchhalten.

Es ging bisher allein um Inhalte und Formen der Rede. Doch wichtig sind auch die äußere Gestaltung und eine gute Aussprache, damit Sie bis in die letzten Reihen akustisch verstanden werden.

Lebendige Sprachführung

Sie wissen aus eigener Erfahrung, daß auch eine interessante Rede ermüdet, wenn sie in gleichförmiger Lautstärke ans Ohr dringt. Der Redner gleicht in diesem Fall einem Organisten, der während seines Spieles vergißt, die verschiedenen Register zu ziehen. Musik lebt aber, wie die anderen Künste, vom Gegensatz und ständigen Wechsel zwischen Ruhe und Bewegung. In der Musik darf die Dynamik als Ausdrucksmittel nicht fehlen.

Steuern Sie die Aufmerksamkeit Ihrer Zuhörer durch plötzliches Leiserwerden; die erstaunliche Wirkung wird gesteigert, wenn Sie kurz vorher laut und kräftig sprechen.

In der Sprache gelten ähnliche Gesetze wie in der Musik. An der spannungsreichsten und wichtigsten Stelle erreichen Sie die Hörer durch eine vorübergehend zurückgenommene, leise Stimme viel stärker als mit »tönenden Trompeten«. Das ist verblüffend, meint doch mancher, mit großer Lautstärke den Kernpunkt der Rede am sichersten vermitteln zu können.

Was Sie als Redner mit leiser Stimme so weitergeben, als würden Sie sich an jeden einzelnen Hörer gleichsam unter vier Augen wenden, bleibt am intensivsten im Gedächtnis haften. Aber verstärkt muß in diesem Moment sowohl der Augenkontakt vorhanden sein als auch eine exakte Aussprache, damit Sie akustisch eindeutig verstanden werden.

Deutliche Aussprache

Auch zu anderen Gelegenheiten benötigen Sie ständig eine gute Artikulation: am Telefon in Ihrer Firma, beim Sprechen auf Band, beim Gespräch mit einem Geschäftspartner oder bei einer Wortmeldung zu einem Diskussionsbeitrag. Diese prägnante Aussprache, ob laut oder leise, können Sie allein durch Intensivierung der Konsonanten (Mitlaute) erreichen.

Im Gegensatz zur italienischen Sprache, die von den Vokalen (den Selbstlauten) getragen wird, lebt die Schönheit der deutschen Sprache von den Konsonanten. Wollen Sie als Redner jederzeit gut verstanden werden, müssen Sie sich um diese Mitlaute in unserer Sprache bemühen. Dazu üben Sie jetzt gleich an einem Text, bei dem scharfe Gegensatzpaare in den Mitlauten gegenübergestellt werden: d – t; g – k; b – p. Vorher werden die Stimmwerkzeuge gelockert.

Lesen Sie allein oder mit Ihrem Partner das folgende Versbeispiel zur Übung im Aussprechen der Konsonanten und Selbstlaute. Gehen Sie aber nicht todernst an diese spielerischen Texte heran.

Versbeispiel

In der bim-bam-bolischen Kirche
geht es bim-bam-bolisch zu,
tanzt der bim-bam-bolische Ochse
mit der bim-bam-bolischen Kuh.
Und die bim-bam-bolische Mutter
kocht den bim-bam-bolischen Brei,
und die bim-bam-bolischen Kinder
fassen mit den Fingern drein.

Das lockere Sprechen

Vielleicht denken Sie an große, weitklingende Glocken, wenn Sie die Verse betrachten. Beim Sprechen sollen Sie versuchen, einen ähnlich weiten Klang zu erreichen. Da Schwingungen, also die Kopf- und Brustresonanz, aber in den Resonanzräumen des Körpers bei vorhandener Muskelverspannung blockiert werden, ist eine vorherige Lockerung des Unterkiefers Voraussetzung für einen vollen Klang. Versuchen Sie einmal, mit aufeinanderliegenden Zähnen sehr laut zu sprechen. Sie werden merken, daß es nicht geht. Also müssen Sie die Zähne auseinandernehmen. MARTIN LUTHER drückte das herzhaft aus, als er sagte:

»Tritt frisch auf,
tu's Maul auf,
hör' bald auf.«

Ein großer Klang verlangt das Mitschwingen der Resonanzräume des Körpers und die entsprechende Öffnung der Sprechwerkzeuge. Der Unterkiefer muß beweglich sein, um diese Weite zu schaffen. Probieren Sie deshalb als erstes, den Unterkiefer ganz locker nach unten fallen zu lassen. Gleichzeitig ist die Verspannung in den Schultern zu lockern, indem Sie Ihre Arme schwer nach unten fallen lassen.

Es ist einleuchtend, wie der Bayer eine sprachliche Querverbindung zieht zwischen der Verspannung der Muskulatur und jenem unsinnigen Produkt, das der Geist des Menschen unter diesen falschen Voraussetzungen produziert. Er sagt nicht, ein Redner habe Unsinn geredet, sondern erfaßt gleichsam den Komplex: »Des woar a Krampf!«

Unverkennbar hängt die körperliche mit der geistigen Verkrampfung zusammen. Für den Redner ist es deshalb notwendig, daß er sich die Lockerheit des gesamten Körpers immer wieder neu zum Ziel setzt. Sie ist noch nicht vorhanden, wenn sie nur ein einziges Mal erworben wurde. Daher sind durchgängig in diesem gesamten Kurs auch Lockerungsübungen als eine Grundlage für das freie Reden eingeplant.

Zur Lockerung des Unterkiefers wird der Übungstext in der folgenden Weise abgewandelt:

In der bam-bam-balischen Kirche
geht es bam-bam-balisch zu,
tanzt der bam-bam-balische Ochse
mit der bam-bam-balischen Kuh.
Und die bam-bam-balische Mutter
kocht den bam-bam-balischen Brei,
und die bam-bam-balischen Kinder
fassen mit den Fingern drein.

Sprechen Sie jetzt den Text als Ganzes allein oder mit Ihrem Partner jeweils eine Zeile im Wechsel, senken Sie bei dem wiederkehrenden ›bam-bam-balisch‹

langsam und völlig entspannt den Unterkiefer. Stellen Sie sich einen großen, weiten Klang vor und arbeiten Sie konzentriert, aber nicht angestrengt mit Ihrer Stimme.

Es ist im Rahmen dieses Kurses leider nicht möglich, auf die Praxis des Stimmansatzes und richtigen Stimmsitzes einzugehen, dafür ist der Unterricht durch einen einfühlsamen Lehrer erforderlich. Dennoch dürften Ihnen diese Übungen, wenn sie konzentriert durchgeführt werden, eine Hilfe sein.

Die Konsonanten als Gegensätze

Sicher beherrschen Sie die Aussprache der Konsonanten-Gegensatzpaare ›b – p, d – t, g – k‹ genausogut wie die letzte Übung. Verwenden Sie dazu zunächst wieder den Originaltext.

In der bim-bam-bolischen Kirche...
...fassen mit den Fingern drein.

Auf jeden Fall muß auswendig gesprochen werden, damit sich die Gruppenmitglieder durch Augenkontakt rhythmisch zusammenfinden können.

Sprechen Sie mit einem großen, vollen Klang Ihrer Stimme den vorliegenden Text in Einzelarbeit oder zeilenweise mit Ihren Partnern im Wechsel.
Aber auch hier gilt wieder:

- Lockerheit in Schultern, Sprechwerkzeugen und Lippen.

Wiederholen Sie den Text und steigern Sie sich im Klang unter Beachtung aller Silben in jeder Zeile.

Diese Übung ist in Rhetorik-Lehrgängen sehr beliebt und kann in zwei- oder dreigeteilten Gruppen mit beliebiger Stärke durchgeführt werden. Lassen Sie dann aber jeweils einen Teilnehmer die Einsätze geben.

Verwandlung und Tempowechsel

Setzen Sie jetzt nach erfolgter ›b‹-Übung statt des ›b‹ ein ›p‹, um diesen Gegensatz zu erfahren:

In der pim-pam-polischen Kirche...
...fassen mit den Fingern drein.

Durch die Umwandlung erhält der Text einen neuen Charakter. Die einzelnen Zeilen haben ihre bisherige Schwere verloren. Ein kurzes Anreißen, ähnlich dem ›pizzikato‹ bei Streichinstrumenten, ist erreicht worden.

Das ›p‹ verlangt ein schnelles Tempo. Um den Text aber dennoch verstehbar zu gestalten, muß der Sprecher seine Lippentätigkeit flexibel gestalten und aktivieren.

Sprechen Sie diesen Text allein für sich oder zeilenweise in raschem Wechsel mit einem Partner oder in der Gruppe. Das Tempo des Vortrags muß schnell sein, der Ton zwar leise, aber äußerst scharf.

Üben Sie auch einmal ohne Wechsel, aber jeweils zusammen sprechend, dabei immer rascher und zugleich deutlicher werdend. Versuchen Sie aber, wirklich synchron mit Ihren Partnern in der Gruppe zu sprechen.

Neue Gegensatzpaare

Damit die Lautwirkungen noch klarer werden, erproben Sie jetzt weitere Veränderungen. Der Text wird durch das neue Gegensatzpaar ›d – t‹ verwandelt.

›d‹: **›In der dim-dam-dolischen Kirche ...‹**

Sprechen Sie hier mit viel Klang, weit ausladend in langsamem Tempo und heben Sie jede Silbe bedeutsam hervor.

›t‹: **›In der tim-tam-tolischen Kirche ...‹**

Hier zwingt der neue Laut dazu, in schnellem Tempo, aber äußerst präzise zu sprechen. Sie können dabei allein üben oder zeilenweise mit dem Partner wechseln, in der Wiederholung aber gemeinsam im Zusammenklang.

Der Text ist ein letztes Mal zu verwandeln, indem Sie die Laute ›g‹ und ›k‹ einsetzen.

›g‹: **›In der gim-gam-golischen Kirche ...‹**

Sprechen Sie wegen des weichen Lautes hier wieder mit viel Klang in langsamem Tempo, und heben Sie jede einzelne Silbe mit voller Betonung hervor.

›k‹: **›In der kim-kam-kolischen Kirche ...‹**

Der härtere Laut ›k‹ verlangt, daß Sie in ein rascheres Tempo verfallen. Dennoch sollten Sie auch hier äußerst präzise sprechen, einmal zeilenweise und mit dem Partner wechselnd, ein zweites Mal aber mit ihm synchron.

Führen Sie alle Beispiele wirklich durch; denn nur durch aktives Üben wird sich der Erfolg Ihrer Sprachentwicklung einstellen.

Falls Sie die letzten Übungen nur gelesen haben, blättern Sie bitte zu den Übungen dieses Kapitels zurück und erarbeiten Sie diese in eigener Sprechpraxis, bevor Sie weitergehen.

Sprechen in vorgegebener Zeit

Im Berufsleben oder auch privat können Sie als Redner jederzeit in die Verlegenheit geraten, in einer begrenzten Zeit einen möglichst umfangreichen sachlichen oder sachbezogenen Bericht abgeben zu müssen.

Angenommen, Sie seien Mitglied des Betriebsrates und haben bei einer Betriebsversammlung den Tätigkeitsbericht abzulegen. Dafür stehen Ihnen 15 Minuten zur Verfügung. Im Extremfalle kann es folgendermaßen aussehen:

- Entweder Sie haben Ihren Vortrag nach 5 Minuten bereits beendet; dabei drängt sich den Zuhörern leicht die Frage auf, was der Betriebsrat im letzten Jahr eigentlich geleistet habe.
- Oder Sie lassen sich von der Stoffülle überrollen und von TUCHOLSKYS ›Ratschlägen für einen schlechten Redner‹ beeinflussen: »Kündige den Schluß an, und dann beginne Deine Rede von vorn und rede noch eine halbe Stunde. Dies kann man mehrere Male wiederholen.«

Die Aufgabe, in einer vorgegebenen Zeitspanne zu sprechen, erweist sich immer wieder als anspruchsvoll. Bei den folgenden Übungen steht daher die Zeitvorgabe im Vordergrund. Entscheidend für das Gelingen ist die Wahl des Themas, dessen inhaltliche Ausformung der Redner beherrschen muß.

In der Übungsphase werden daher als größere Einheit Erlebnisberichte gewählt, deren Inhalt niemand bestreiten kann. Konzentrieren Sie sich hier als Beispiel auf einen Reisebericht in zwei Versionen: einmal in einer zweiminütigen Kurzform, die fast stichwortartig abgefaßt sein soll, und zum anderen in einer fünfminütigen, detailliert ausgeschmückten Schilderung.

Sie haben also später zwei Berichte in Stichworten abzufassen und anschließend zu schildern:

Kurzform in 2 Minuten

- knappe, fast stichwortartige Angaben
- gedrängte Einleitung und kurzes Benennen der Städte und Sehenswürdigkeiten

Schilderung in 5 Minuten

- detaillierte, ausführliche Schilderung
- Einbeziehung persönlicher Erlebnisse und genaue Beschreibung besonders beeindruckender Sehenswürdigkeiten und Begebenheiten

Vergleich zweier Reiseberichte

Der folgende Erlebnisbericht einer Reise nach Mexiko wurde in einem Rhetorik-Kurs von einer Teilnehmerin aus dem Stegreif gehalten und aufgezeichnet. Ein kurzer Stichwortzettel diente als Gedankenstütze sowohl für die Kurzform als auch für die ausführlichere Schilderung, die jeweils subjektive Eindrücke weitergeben wollen.

Lesen Sie den Text laut mit, um die jeweilige Zeitvorgabe nachzuvollziehen; vergleichen Sie die Kurzform mit der erweiterten Form des Reiseberichtes.

Meine Reise nach Mexiko

Kurzform in 2 Minuten

»Sicher geht es Ihnen ebenso wie mir: man freut sich das ganze Jahr über auf seinen Urlaub. Mein Urlaub in Mexiko, von dem ich Ihnen berichten werde, brachte für mich eine Fülle beeindruckender Erlebnisse.

Wir flogen im vorigen Oktober von Frankfurt am Main über Shannon nach Miami Beach in Florida. Am nächsten Tag nahmen wir an einer Stadtrundfahrt teil und flogen anschließend weiter in die Weltstadt Mexiko-City. Dort wurden wir in dem sehr exklusiven Grand Hotel untergebracht.

In Mexiko-City besichtigten wir am folgenden Morgen das National-Museum und den ›Platz der drei Kulturen‹. Am Nachmittag nahmen wir an einer eingehenden Führung im Anthropologischen Museum teil. Besonders beeindruckte uns dort der 22 Tonnen schwere Aztekenkalender aus Stein und das Monument des Regengottes der Azteken, das sich vor dem Eingang des Museums befindet.

Den Abschluß des Tages krönte die Teilnahme an einem Folkloreabend, wo wir uns beim Abendessen an der volkstümlichen Mariachimusik erfreuten.

An den folgenden Tagen unternahmen wir Fahrten nach Teotihuakan, einer alten Stadt der Götter, die berühmt ist durch die Mond- und Sonnenpyramide, ferner nach Taxco, einem alten Silberstädtchen, und in das mondäne Weltbad Acapulco mit seinen luxoriösen Hotels, die direkt am Meer liegen. Hier kann sich der Fremde exotischen Gerichten – auf das delikateste zubereitet – mit Muße hingeben.

Nach zwei weiteren Tagen Badeaufenthalt mußten wir leider zur Heimreise rüsten. Nach einem Rückflug mit Hindernissen kamen wir mit zwei Tagen Verspätung wieder in Frankfurt an. Es war eine Reise, die zwar mit großen Strapazen verbunden war, uns aber durch die vielen Erlebnisse sehr bereichert hat.«

Meine Reise nach Mexiko

Schilderung in 5 Minuten

»Sicher geht es Ihnen ebenso wie mir: bei der vielen Arbeit, die Beruf und Familie mit sich bringen, freut man sich das ganze Jahr über auf seinen Urlaub und schmiedet Pläne. Mein Urlaub in Mexiko, von dem ich Ihnen berichten werde, war zwar mit viel Strapazen verbunden, bereicherte uns aber in einem solchen Maße, daß sich die Mühe gelohnt hat.

Wir flogen im Oktober vorigen Jahres von Frankfurt am Main nach Irland, hatten in Shannon eine Stunde Transit-Aufenthalt, und dann ging es nonstop weiter nach Miami Beach, Florida. Die mehrstündige Flugzeit war uns sehr kurzweilig vorgekommen, denn wir waren von der Deutschen Lufthansa sehr gut versorgt worden. Zwischendurch wurden Filmvorführungen geboten, und so kamen wir ohne große Langeweile in Miami Beach an.

Am nächsten Tag starteten wir mit einer Stadtrundfahrt. Da ich im Jahr zuvor meinen Urlaub in Florida verbracht hatte, aber nicht alles sehen konnte, war es für mich besonders schön, diesen bekannten Badeort mit seinen Hochhäusern kennenzulernen. Aber wir sollten am selben Tag noch sehr viel mehr erleben: in einem dreistündigen Flug ging es weiter in die Weltstadt Mexiko-City. Wir wurden in dem sehr exklusiven Grand Hotel untergebracht. Am Abend unternahmen wir einen Bummel auf eigene Faust.

Der darauffolgende Tag begann mit einer vierstündigen Stadtrundfahrt, die uns an sehr interessante Plätze wie das Nationalmuseum und den ›Platz der drei Kulturen‹

brachte. Höhepunkt bei der Besichtigung der Prachtbauten war am Nachmittag eine eingehende Führung durch das Anthropologische Museum, das zu den schönsten und größten Museen der Welt zählt. Man findet dort beispielsweise den 22 Tonnen schweren Aztekenkalender aus Stein. Besonders beeindruckte uns das in Stein gehauene Monument des Regengottes der Azteken ›Tlalok‹, das sich vor dem Eingang des Museums befindet.

Den Abschluß des Tages krönte aber die Teilnahme an einem Folklore-Abend, wo wir an einem vorzüglichen Essen teilnehmen und uns an der volkstümlichen Mariachimusik erfreuen konnten.

Unser nächstes Reiseziel war Teotihuakan, eine alte Stadt der Götter. Das Zeremonialzentrum wird von der ›Straße der Götter‹ durchschnitten, an der die berühmten Pyramiden, genannt Mond- und Sonnenpyramide, stehen. Dem Betrachter bietet sich, wenn er das Bauwerk bestiegen hat, ein unvergleichlich schöner Ausblick auf das bergige Land.

Am nächsten Tag fuhren wir mit Bussen nach Taxco, einem alten Silberstädtchen, das schon zu Zeiten Cortez' durch seine Silberminen bekannt war. Taxco ist noch ganz im alten Stil erhalten: Kopfsteinpflaster, enge Gäßchen. In zahlreichen Geschäften und auf der Straße wurden Handarbeiten aus Silber angeboten, die auch mich zum Kauf einiger Souvenirs animierten.

Durch das gebirgige Gelände der Sierra Madre brachten uns Busse nach Acapulco. Dort empfing uns ein herrlicher Badestrand, und wir erlebten einige Tage – ja, man kann sagen – ›Ferien vom Ich‹; denn bis jetzt war die ganze Reise für alle Beteiligten doch ziemlich anstrengend gewesen: es gab immer ein volles Programm.

Das mondäne Weltbad Acapulco liegt an einer Meeresbucht – traumhaft schön. Es hat eine Reihe außergewöhnlich schöner Strände aufzuweisen, teils weitläufig, teils von abrupten Steilfelsen begrenzt. Direkt am Meer warten Hunderte von Restaurants auf den Fremden, der eine exquisite Küche liebt. Hier kann er sich exotischen Speisen, auf das delikateste zubereitet, mit Muße hingeben.

Nach zwei weiteren Tagen Badeaufenthalt mußten wir leider zur Heimreise rüsten. Verständlicherweise wären wir gerne noch einige Zeit am Strand geblieben. Statt dessen

traten wir jetzt einen Rückflug mit Hindernissen an, denn in Mexiko-City bestand für uns plötzlich keine Möglichkeit für einen Weiterflug, da wegen Triebwerksfehlern Maschinen ausgefallen waren. Zwar wurden wir erstklassig in Hotels untergebracht, konnten aber mit der uns verbleibenden Zeit nicht viel anfangen: es war unsicher, wann unser Flug stattfinden würde. Nach zwei zusätzlichen ›Urlaubstagen‹ kamen wir schließlich in Frankfurt an. Es war, obwohl mit großen Strapazen verbunden, insgesamt eine schöne Reise, die uns mit ihren vielen Erlebnissen bereichert hat.«

Vergleich

Unabhängig davon, ob Sie sich als Leser mit dem Inhalt identifizieren können, ist Ihnen im Vergleich von Kurzform und ausführlicher Schilderung sicherlich der Vorteil der jeweiligen Erzählart aufgefallen.

Und nun ist die Reihe an Ihnen: Wählen Sie für einen Zweiminuten- und einen Fünfminuten-Vortrag ein ansprechendes Thema, und versuchen Sie bereits in der Einleitung, die Zuhörer von Ihrer Idee zu begeistern.

Einleitung für einen Reisebericht

»›Wenn Sie, meine Damen und Herren, heute die Reiseangebote der großen Unternehmen der Touristikbranche in den Aushängen oder Schaufenstern betrachten – Flugreisen im ›Sonderangebot‹ –, werden Sie feststellen, daß es dem Konsumenten sehr leicht gemacht wird. Seine Auswahl kommt einem Knopfdrücken gleich: er bucht, besteigt eines Tages das Flugzeug und konsumiert von diesem Zeitpunkt an die Ware ›Urlaub‹.

Deshalb möchte ich eine erlebnisreiche Fahrt von ... nach ... dagegenstellen, um Ihnen zu zeigen, daß ein Urlaub nicht eine nervliche Strapaze, sondern eine wirkliche Erholung sein kann ...«

Der Stichwortzettel hilft

Unterscheiden Sie bereits beim Stichwortzettel zwischen der Kurzform und der erweiterten Form Ihres Erlebnisberichtes.

Bevor Sie an den eigenen Bericht gehen, müssen Sie überlegen, was erzählens- oder berichtenswert ist. Diese Hauptpunkte übernehmen Sie in einen Stichwortzettel, der keine fertigen Sätze, sondern tatsächlich nur Stichworte enthält. Sie helfen bei der freien Rede, den Weg durch das Labyrinth unserer Erinnerung sicher zu finden.

- Ein Stichwortzettel wird erstellt. Hier handelt es sich lediglich um Einzelpunkte Ihres Erlebnisberichtes. Erst in Kapitel 6 soll der Stichwortzettel erarbeitet werden.
- Sie stellen eine Uhr mit Sekundenzeiger und beginnen den Vortrag der Zwei-Minuten-Fassung Ihres Reiseberichtes unter stichwortartigem Benennen der einzelnen Plätze und der dazugehörigen Begebenheiten.
- Sprechen Sie nicht bequem in einem Sessel sitzend, sondern frei im Raum stehend vor einem vorgestellten Publikum, Ihrem Partner oder Ihrer Gruppe, so daß Sie bewußt den Blickkontakt üben können. Wenn Sie das freie Reden nach Stichwortzettel jetzt im Raum erproben und es schließlich gewohnt sind, wird es Ihnen später ein Leichtes sein, an einem Rednerpult zu stehen und auch dort frei zu sprechen.
- Versuchen Sie, den Inhalt Ihrer Erzählung so knapp zu fassen, daß Sie nach zwei Minuten einen Schlußsatz bringen können, bei dem auch Ihre Stimme in der Tonlage bewußt heruntergeht.

Kurzvortrag

Haben Sie das Ziel eines freien Vortrags von zwei Minuten zufriedenstellend erreicht, wartet auf Sie bereits die nächste Aufgabe.

Längere Schilderung

- Ein Stichwortzettel wird erstellt.
- Sie schildern unter Beachtung der möglichen Zeitdauer von fünf bis sechs Minuten Ihre Eindrücke als persönliches Erlebnis.
- Nehmen Sie sich vor, einzelne Geschehnisse genau zu beschreiben, Einzelheiten auszuschmücken und auf Details einzugehen, damit die Schilderung ausführlicher geschieht als in Ihrer ersten Fassung.
- Auch hier krönt ein Schlußsatz den Vortrag.

Der Rollenwechsel mit Ihrem Partner oder einem anderen Gruppenteilnehmer soll erfolgen, wenn Sie die Übung unter annähernd exakter Zeiteinhaltung durchführen konnten.

Fehler bei diesen Übungen

In der Zwei-Minuten-Fassung möchte man über das Ziel, also über die vorgegebene Zeit hinausschießen. Im Gegensatz dazu möchte man die Fünf-Minuten-Fassung im Regelfall bereits nach drei Minuten beenden.

Falls Ihnen diese kleinen Fehler selbst unterlaufen sollten, verzagen Sie nicht. Das ist vor Ihnen schon anderen so gegangen. Formulieren Sie ganz einfach beide Fassungen schriftlich vor.

Ein Satz der Zwei-Minuten-Fassung entspricht etwa einem ganzen Abschnitt in der Fünf-Minuten-Fassung. An diesem Vergleich und der Menge, die auf dem Papier niedergeschrieben ist, erkennen Sie sofort, ob Ihnen die Übung gelingt. Beim freien Vortrag erzählen Sie das Geschriebene nach; dabei stützen Sie sich auf Ihren Stichwortzettel.

Lernerfolg

Die Lernziele von Kapitel 3

Sie haben erkannt, daß eine Rede, die ihre Wirkung nicht verfehlen will, in drei Punkten stimmen muß: in Inhalt, Form und äußerer Gestaltung.

Wie durch das Einbeziehen der Gestik gewinnt die Rede durch Abwechslung der sprachlichen Gestaltung an Plastizität und trägt ihren Teil zur Überzeugung des Gesprächspartners oder der Zuhörer bei. Zudem werden Sie durch eine präzise Aussprache auch von den Zuhörern in den hinteren Reihen verstanden.

Sie haben bei der Ausführung der sprechtechnischen Übungen lernen können:

- das gezielte Anwenden einer prägnanten Aussprache
- die Entwicklung eines größeren Sprachklanges durch Entspannung der Sprechwerkzeuge
- das Wechseln von langsamem zu schnellem Sprechtempo
- die Verwendung unterschiedlicher Dynamik durch den Gegensatz laut/leise
- die Aktivierung Ihrer Persönlichkeit als Sprecher

Sie sind in der Lage,

- zusammenhängend eine Sache oder einen Vorgang darzustellen – sachbezogen (objektiv) oder persönlichkeitsorientiert (subjektiv).
- zwischen Einzelheiten zu unterscheiden, die bei knapper Zeitvorgabe nicht am Platze sind, und den Details für eine ausführlichere Schilderung von Menschen oder Landschaften.
- sich mit Hilfe von Stichwortzettel und Oberbegriffen knapp auszudrücken.

Ich
kann,
das ist das Maß der mir verlieh'nen Kraft,
der Tat, der Fertigkeit,
der Kunst und Wissenschaft.

Friedrich Rückert

KAPITEL 4

Die Stärkung des Selbstbewußtseins

Ich kann – das ist eine unmittelbare, beglückende Erfahrung. Rückert schließt hier alle Gebiete ein, von der Aktivität ganz allgemein bis hin zu jeder Art handwerklicher, künstlerischer oder geistiger Fähigkeit. Das unscheinbare Wortpaar ›ich kann‹ ist auch Voraussetzung für die Meisterschaft, die Redekunst mit all ihren Registern voll zu beherrschen.

Halten Sie sich dagegen vor Augen, wie negativ sich in seiner Gesamtwirkung die Umkehrung des Satzes ausmacht: ›Das kannst Du nicht!‹ Bereits in früher Kindheit, in der Schule, in der Lehrzeit und später noch wird durch diese Ablehnung die Unfähigkeit zur Leistung geprägt, die gleichzeitig Untätigkeit oder zumindest Hemmungen gedeihen läßt.

Der Teufelskreis aus der negativen Weissagung ›Das kannst Du nicht!‹ endet beim jungen Rednerschüler, dessen Phantasiekräfte vielleicht noch nicht ausreichend entwickelt sind, in vielen Fällen im Steckenbleiben.

Die Angst vor dem Steckenbleiben ist am stärksten beim Anfänger.

Den Anfänger befällt meist Panik, wenn er auch nur in die Nähe des Steckenbleibens gerät. Später weiß er sich eher zu helfen, denn er hat hinzugelernt. Auch wenn der Redner den Faden für einen Moment verloren hat, muß er unbedingt weiterreden, um die Situation zu überspielen und erneut Anschluß zu gewinnen. Hier gilt es, einen kühlen Kopf zu bewahren und sich über den zuletzt angeführten Sachverhalt wieder an den Faden heranzuarbeiten, also den letzten Gedanken mit anderen Worten zu wiederholen.

Damit dies unmerklich geschieht, sollten Sie in einem solchen Fall mit einem geschickten Einleitungssatz beginnen, keinesfalls aber die Hörer unvermittelt mit der Wiederholung konfrontieren. Günstig ist ein partnerbezogener Einstieg:

»Ich weiß nicht, ob dieser letzte Gedanke jedem deutlich genug geworden ist. Ich werde noch einmal versuchen, es mit anderen Worten zu erklären...«

An diese vorbereitenden Sätze kann die Wiederholung anschließen, ohne daß jemand den Fehler des Steckenbleibens deutlich bemerkt. Sie haben dann während des Sprechens lange genug Zeit, sich in den Fortgang der Rede hineinzufinden.

Das Einprägen eines Textes

Als ersten Schritt können Sie den bereits angeführten Ausspruch Rückerts in Ihr Gedächtnis aufnehmen, damit das Positive ›Ich kann‹ Sie weiterträgt. Lesen Sie diesen Leitgedanken laut, und tragen Sie ihn anschließend auswendig vor.

Das Gedächtnistraining ist für den Redner eine stets lohnende Aufgabe. Nehmen Sie sich vor, täglich dafür etwas zu tun und auch andere Sprüche aus Sammlungen, Poesiealben oder Kalendern auswendigzulernen.

Um an die bisherigen Konzentrationsübungen anzuschließen, wird das Training erweitert, indem Sie sich die nebenstehenden drei Sätze möglichst rasch einprägen. Lesen Sie dazu die Sätze erst einmal laut vor.

Ich schaffe das gut!
Ich setze mich durch!
Nein, ich gebe nicht auf, nein!

Nehmen Sie jetzt Stift und Papier zur Hand, und versuchen Sie, die drei Sätze aus dem Gedächtnis aufzuschreiben.

Selbstsicheres Auftreten

Nachdem Sie sich den Text durch Aufschreiben eingeprägt haben, können Sie daran denken, diesen Übungstext in die Bewegung umzusetzen, das heißt, die Sätze jeweils für sich zu sprechen und gleichzeitig durch den Raum schreitend auszudrücken.

Ihr Fuß soll dabei so selbstbewußt auftreten, daß von jetzt an für Sie als Redner weiche Knie zu den erledigten Problemen gehören. Damit Sie sich völlig frei bewegen können, benötigen Sie genügend Platz in Ihrem Zimmer oder in Ihrer Wohnung.

Wenn der Raum es gestattet, ist es natürlich möglich, daß Sie zuerst mit Ihrem Partner gemeinsam üben. Aber Sie sollten sich bei dieser Arbeit abwechseln und gegenseitig kritisieren, ob die dargestellte flüssige und vorwärtsstrebende Bewegung akzeptiert werden kann. Sie soll energisch sein, darf aber keinesfalls gekünstelt oder gar militärisch wirken.

Verdeutlichen Sie sich zunächst die Schrittfolge Ihres Auftretens. Gehen Sie wie immer von der Grundstellung aus, mit der diese Übung auch wieder schließt.

Erste Übung (mit dem rechten Fuß beginnen)

»Ich	schaffe	das	gut!«
(re)	(li)	(re)	(li)

(rechtes Bein nachsetzen und Pause!)

»Ich	setze	mich	durch!«
(re)	(li)	(re)	(li)

(rechtes Bein nachsetzen und Pause!)

»Nein,	ich	gebe	nicht	auf,	nein!«
(re)	(li)	(re)	(li)	(re)	(li)

(rechtes Bein nachsetzen und Pause!)

In die hier im Training dargestellte Situation des festen, selbstsicheren Auftretens geraten Sie zwangsläufig, wenn Sie von Ihrem Platz aufstehen, um an das Rednerpult zu gehen. Dann werden Sie nur noch von Ihren Überzeugungen geleitet und nicht mehr ›Ich schaffe das . . .‹ memorieren. Was Sie jetzt zum selbstbewußten Auftreten lernen, wirkt im Unbewußten weiter und hilft Ihnen.

Zweite Übung (mit dem linken Fuß beginnen)

Die Angst, die vielen Rednern zu Beginn vom Gesicht abzulesen ist, haben Sie nun nicht mehr. Üben Sie am besten noch einmal, diesmal aber beginnen Sie mit dem linken Fuß. Achten Sie bei diesem zweiten Durchgang darauf, daß Ihr Blick geradeaus gerichtet ist und sich nicht ängstlich auf die Fußspitzen heftet, denn Sie können ›auftreten‹ und machen nichts falsch.

Fertigen Sie sich wie oben eine Skizze an, beginnen Sie jeden Satz mit links und setzen Sie am Schluß jeweils das linke Bein nach. Diese Übung sollte von Ihnen und Ihrem Partner durchgeführt werden.

Die Phantasie als Brücke

»Ich schaffe das gut!« – dieser Satz gilt gleichermaßen für den zweiten Teil dieses Kapitels, da hier Ihre eigenen Fähigkeiten freies Spiel haben werden. Aus den verschiedensten Bereichen ist bekannt, daß auch bei sachlich und nüchtern denkenden Menschen Phantasie gefragt ist. So hat der Pädagoge EDUARD SPRANGER der Existenz von Phantasie eine große Bedeutung zugemessen, als er seine Schüler aufforderte:

»Rettet die Phantasie! – Wird aber die Stelle der eigentlichen Phantasiekunst in einer Kultur leer, so wird auch der Mensch dieser Kultur um ein Wesentliches gebracht: er spürt nicht mehr das ungelebte Leben, nicht mehr die Sehnsucht, die ihn innerlich ausweitet und über sich selbst erhöht.«

Phantasie darf die Wirklichkeit nicht ersetzen, sondern hat sie lediglich sinnvoll zu ergänzen.

Nach unseren letzten Übungen, die Sie in Ihrem Selbstbewußtsein, aber auch im Können bestärkt haben, sollen Sie in der Gruppe eine Geschichte frei zu Ende erzählen, um Ihre Phantasiekräfte neu zu wecken.

Wenn es gilt, als Redner mit dem Steckenbleiben fertigzuwerden, würde mancher zu einem Ertrinkenden, besäße er nicht zum Überbrücken seine Phantasie. Auch Sie werden sie später oft genug benötigen, wenn Sie sich Menschen der unterschiedlichsten Einstellungen mitteilen wollen, die Ihnen das Verstehen schuldig bleiben.

An dem folgenden Lesetext »Der Knabe, der ein Wolf wurde« sollen Sie lernen, Ihre Phantasiekräfte zu stärken, um sie in der freien Rede jederzeit zur Verfügung zu haben. Mittelteil und Schluß blieben absichtlich offen; sie sollen von Ihnen ergänzt werden.

Da Sie jegliche Freiheit besitzen, ist dies eine leichte Übung, und Sie wissen ja: »Ich schaffe das gut!« Schauen Sie sich den Text kurz an; treten Sie danach selbstbewußt nach vorn, um ihn laut und deutlich vorzulesen.

Der Knabe, der ein Wolf wurde

In einem Wigwam am See lebte ein Mann, der war krank. Er hatte ein Weib, und er hatte Kinder. Die Medizinmänner waren gekommen, und sie standen da; aber sie konnten nicht helfen. Der kranke Mann mußte sterben. Da öffneten sie die Türen und machten alle Luken auf, um den Geist des kranken Mannes hinauszulassen. Der kranke Mann öffnete die Augen noch einmal ganz weit und sagte: »Ich sterbe; die Frau wird mir bald nachfolgen; aber was wird aus euch Kindern werden? Wir roten Männer sind nicht mehr stark. Ihr dürft nie auseinandergehen; hört ihr mich, Kinder?« Die Kinder hörten ihn und riefen: »Wir werden nie auseinandergehen.« Sie hatten einen kleinen Bruder. Der Vater legte seine Hand auf den Kopf des kleinen Bruders und sagte: »Er ist schutzlos und hilflos; ihr dürft ihn nicht verlassen, bis er groß und stark ist.« Sie versprachen es.

Und da starb der Mann. Sie weinten und beerdigten ihn. Nach sechs Monaten starb auch die Mutter. Wieder öffneten sie die Türen des Wigwams und ließen ihren Geist hinaus und versprachen auch ihr, einander nie zu verlassen. Dann wurde auch die Mutter beerdigt. Nun waren sie ganz allein. Der älteste Sohn nahm die Waffen des Vaters und ging auf die Jagd. Die Schwester kochte und pflegte den kleinen Bruder. Er war sehr schwächlich. Aber sie lebten gut und in Frieden.

Der Winter ging vorbei, der Frühling kam. Da wurde es überall warm und schön, und dem großen Bruder gefiel die Einsamkeit nicht mehr; er wollte hinaus in die Welt. »Schwester«, sagte er, »ein Tag ist hier wie der andere; hier ist immer nur Wald, und keine Frauen und Männer sind hier. Es gibt noch mehr Menschen in der Welt. Dann muß man nicht immer stumm sein wie hier und mit sich selber reden, wenn man draußen in der Welt ist.«

»Du darfst nicht gehen«, sagte die Schwester. »Wir haben es unsern Eltern versprochen, beieinanderzubleiben und auf den kleinen Bruder aufzupassen. Er ist schwach; was soll aus ihm werden!« Der älteste Bruder schwieg.

Am nächsten Morgen nahm er Pfeil und Bogen und verließ das Haus. Die Schwester wartete und wartete bis zum Abend, aber er kam nicht zurück. »Wo ist mein Bruder?« fragte der Kleinste. »Er ist fort zu den Menschen und kommt nicht mehr zurück«, antwortete die Schwester. »Kommt er nie mehr?«

»Er ist schlecht; du mußt ihn vergessen. Er hat vergessen, was wir den Eltern gelobt haben.« Und dann verfluchte sie ihren ältesten Bruder, weil er sein Versprechen vergaß. Aber auch ihr Herz wurde wilder und wilder.

»Warum haben wir etwas gelobt, was so schwer zu halten ist!« klagte sie. »Mein ältester Bruder ist draußen in der Welt. Er geht auf die Jagd und freut sich, wenn er vom Kampfe heimkehrt. Er sitzt am Feuer unter andern und singt und lacht mit ihnen. Mädchen sind um ihn, die sich wünschen, daß er sie in seinen Wigwam nehme; als ein Held wird er gefeiert, mein ältester Bruder. Ich aber sitze hier und muß meinen kleinen Bruder warten.«

Wenn sie so gesprochen hatte, wurde sie noch wilder. Der kleine Bruder fürchtete sie. Ihr Gesicht war finster, und wenn sie das Geschirr zum Essen hinstellte, so geschah es in einer so wilden Weise, daß es zu Boden fiel. Sie suchte alle Lebensmittel zusammen, die noch im Wigwam waren, legte alles auf eine Stelle, und als der Morgen kam, packte sie ihre Bänder und Tücher zusammen, nahm ihre Mokassins und ging fort.

»Wohin gehst du, Schwester?« fragte der kleine Bruder. »Ich gehe unsern Bruder suchen.«

»Warum nimmst du mich nicht mit?« fragte der kleine Bruder. Er war traurig. »Es ist zu weit für dich. Du bist schwach; deine Füße tragen dich nicht.«

»Wann kehrst du zurück, Schwester?«

»Wenn ich den Bruder gefunden habe. Du hast zu essen und wirst nicht hungern müssen.« Als sie das gesagt hatte, ging sie hinaus und kam nicht mehr zurück. Der kleine Bruder aß den Vorrat auf, und als er nichts mehr im Wigwam fand, ging er traurig im Wald umher und suchte sich Beeren und Wurzeln. Am Abend kehrte er in den Wigwam zurück und weinte. Denn seine Schwester war nicht zurückgekommen...

(Indianisches Märchen)

Abschluß einer Erzählung

Lassen Sie sich von Ihren Phantasiekräften tragen und führen Sie die Geschichte in freier Weise zu Ende.

Oder wechseln Sie sich mit Ihrem Partner ab; jeder von Ihnen spricht, bis ein neues Stichwort fällt, an das der andere anknüpfen möchte, beide Partner kommen bei der Erzählung also mehrmals zum Sprechen.

Diese Übung läßt sich auch gut in einer Gruppe durchführen. Man sitzt einander im Kreis gegenüber, und wenn ein neues Stichwort fällt, gibt man die Erzählung an seinen rechten Nachbarn weiter. Der Blickkontakt zu allen Teilnehmern ist auch hier notwendig. Konzentrieren Sie sich auf die Worte des Vorredners, um den Faden richtig aufnehmen zu können.

Sie sollten sich vorher nicht über Verlauf und Ausgang der Handlung absprechen, damit die freie Phantasieübung bis zum Ende besteht. Aber wenn Sie auch völlig frei erzählen – verbindlich für den Ausgang der Geschichte bleibt die Überschrift ›Der Knabe, der ein Wolf wurde‹. Und jetzt dürfen Sie beginnen; viel Freude beim Erzählen!

Versuchen Sie nun, für sich allein oder mit Partnern zu notieren, was Sie an dieser Phantasieübung für Ihre eigene Tätigkeit als Redner oder als Gesprächspartner gelernt haben.

Konzentrationstraining

Nach der Phantasieübung, die neue Kräfte mobilisierte, möchte wohl jeder wieder festen Boden gewinnen. Wenn Sie sich jetzt einer greifbareren Materie annehmen möchten, so sollten Sie sich einem Spiel zuwenden, das als Gesellschaftsspiel unter der Bezeichnung ›Koffer packen‹ bekannt ist. (Sollte es Ihnen bei einer längeren Autofahrt oder in der Eisenbahn langweilig werden, empfiehlt sich dieses Spiel, an dem sich auch Kinder gern beteiligen.)

Führen Sie diese Übungen zusammen mit Ihrem Partner durch oder auch mit mehreren Personen, die alle ihren Spaß daran haben werden. Sie denken sich einen Gegenstand aus, beispielsweise ein Paar Schuhe und beginnen mit dem Satz:

»Ich packe in meinen Koffer ein Paar Schuhe.«

Der nächste Teilnehmer wiederholt diesen Satz, fügt jedoch einen von ihm gewählten Gegenstand neu hinzu:

»Ich packe in meinen Koffer ein Paar Schuhe und Briefpapier.«

Und weiter geht es:

»Ich packe in meinen Koffer ein Paar Schuhe, Briefpapier und ein Dampfbügeleisen.«

und so weiter.

Bei einiger Übung und guter Konzentration können Sie sich durchaus etwa fünfzehn Gegenstände merken, auch wenn sie thematisch weit auseinanderliegen. Blickkontakt erleichtert die Merkfähigkeit, da Sie damit die genannten Objekte der jeweiligen Person zuordnen können.

Packen Sie, wenn es Ihnen Spaß macht, einen Phantasiekoffer, in dem alles untergebracht werden kann, von einem Treppengeländer oder Kronleuchter bis zu einem Weltraumschiff oder Opas Tabakspfeife.

Es kann bei der Wiederholung auch ein Koffer mit Persönlichkeiten gepackt werden, in dem sich Adenauer, Thomas Mann und die Beatles treffen.

Steigern Sie sich nun, indem Sie einen Koffer füllen, der nur Abstraktes wie Freundschaft, Freiheit, Selbstwert enthält.

An diesem Punkt haben Sie sich bereits dem Grundgedanken des Stichwortzettels genähert, den Sie auf diese Weise leicht Ihrem Gedächtnis einzuprägen lernen. Jedes Wort, das Sie sich gemerkt haben, war einem Stichwort gleich, so wie Sie es später auf Ihrem Stichwortzettel verzeichnen werden.

Lernerfolg

Die Lernziele von Kapitel 4

Im Zusammenhang mit dem Inhalt von Kapitel 4 haben Sie sich umfangreiche Kenntnisse erworben, die Sie auch später anwenden, um als Redner auf die Zuhörer wirken zu können:

- Zu den Texten des ersten Teils gehörten Inhalte, durch die Sie Ihr Selbstwertgefühl stärken konnten. Das bekräftigende ›Ich kann‹ nahm Ihnen als Redner die Angst vor dem Steckenbleiben und führte Sie zu der Fülle Ihrer Fähigkeiten, über die Sie frei verfügen.
- Kurze Pannen, wie das plötzliche Verlieren des Fadens, werden Sie zu meistern wissen, da Sie jederzeit rückkoppeln können.

Die Übungen zur Geschichte ›Der Knabe, der ein Wolf wurde‹ bewirken, daß Sie ein aktiver Gesprächspartner werden, wie folgende Punkte verdeutlichen:

- Sie mußten den Vorrednern genau zuhören und durch Speicherung sowie durch Verarbeitung die Inhalte aufnehmen. Vergleichen Sie dazu ähnliche Situationen bei der Teilnahme an Privatgesprächen oder besonders an Diskussionen.
- Falls die Phantasieübung in einer Gruppe erfolgte: Sprecher am Anfang oder in der Mitte übten sich in der Rücksichtnahme bei der Stoffeinteilung der Erzählung, um nicht den anderen Rednern Gedanken vorwegzunehmen.
- Der jeweilige Sprecher mußte Gedanken in logischer Folge aneinanderreihen und vorausdenken, damit die Geschichte nicht in eine Sackgasse geriet.
- Er mußte dem jeweiligen Partner neue Gedanken zuwerfen.
- Der Blickkontakt wurde geübt.
- Mit Ausnahme des ersten Sprechers wartete jeder folgende die Inhalte des Vorredners ab, konnte sich daher nicht vollständig vorbereiten und mußte spontan sprechen.
- Phantasiekräfte wurden freigelegt.
- Durch das Gefühl, auf jeden Fall weitersprechen zu können (weil man sprechen mußte), haben Sie an Selbstsicherheit gewonnen.
- Ihr Gedächtnis wurde trainiert, damit es bei Gesprächen und Diskussionen helfend zur Verfügung steht.

*Ohne
Seelenruhe wird nichts Großes.
Wo kleine Leidenschaften an dem
Menschen zerren,
kann er nur abgebrochene kleine Dinge tun.*

Friedrich Heinrich Jacobi

KAPITEL 5

Der Vortrag

Wenn Sie im Fernsehen oder im Vortragssaal andere Redner kritisch beobachten, werden Sie neben den Beispielen wirklich guter Redner auch auf folgenden Typus stoßen: ein Redner, der sich selbst – und seine Zuhörer – mit großer Eile von Satz zu Satz treibt. Das Nachvollziehen der Gedanken ist nur unter Anstrengung möglich, denn dieser Redner steht nicht genügend ›über den Dingen‹ und hat den Sinn der oben zitierten Worte von Friedrich Heinrich Jacobi nicht erfaßt.

Werden Sie selbst in die Lage versetzt, eine Rede oder einen Vortrag halten zu müssen, erkennen Sie schnell die Schwierigkeit, durch bewußt eingesetzte Spannungspausen dem Hörer Zeit zu geben, damit er das Gesprochene in sich aufnehmen kann.

Es wäre eine Überforderung, dem künftigen Redner leere Anweisungen wie ›Eilen Sie doch nicht so zum nächsten Satz...‹, ›Reden Sie langsam...‹ oder ›Setzen Sie nach einem Punkt eine Pause...‹ auf den Weg zu geben. Selbst wenn es dem Redner gelingt, nach einem abgeschlossenen Gedankenteil eine bis zwei Sekunden Pause einzulegen, würde das aufgesetzt wirken, solange er das Gefühl für eine Spannungspause noch nicht selbst entwickelt hat. Als Redner verhielte er sich in diesem Fall ähnlich dem Musiker, der zwar pflichtbewußt seine Pausen durchzählt, aber nicht spürt, daß sie eigentlich erlebte Musik bedeuten sollten.

Spannungspausen

Das Einhalten von Spannungspausen, für die Sie als zukünftiger Redner das richtige Fingerspitzengefühl entwickeln müssen, können Sie nun am Beispiel einer Fabel von Äsop erarbeiten.

Ihr Partner soll weder Text noch Bilder zur Hand haben, sich aber aufgrund Ihres Vortrags die Bilder vor-

Die Krähe und der Krug

Eine Krähe war nahe daran, zu verdursten. Da sah sie einen Krug Wasser auf einer Steinmauer stehen.

Die Krähe freute sich und flog schnell hin.

Aber sie konnte nicht an das Wasser gelangen. Ihr Schnabel war zu kurz. Nun würde sie wohl nichts zu trinken bekommen!

Die Krähe hüpfte enttäuscht auf einen Baumstumpf und dachte nach.

Plötzlich entdeckte sie in der Nähe ein paar Kieselsteine. Da hatte sie einen Einfall. Sie nahm einen Kieselstein in den Schnabel.

Sie flog zum Krug und ließ den Stein hineinfallen. Das Wasser stieg ein kleines Stückchen.

Die Krähe holte noch einen Kieselstein und noch einen. Jedesmal stieg das Wasser ein bißchen.

Als alle Steine im Krug waren, stand das Wasser am Rand. Die kluge Krähe setzte sich neben den Krug und trank sich in aller Ruhe satt.

stellen können, die Sie als Begleitung Ihres Textes vorfinden. Nehmen Sie deshalb jedes Bild gedanklich wie ein Foto-Negativ auf und geben Sie es so weiter. In der dazugehörigen Spannungspause lassen Sie dem Hörer Zeit, und zwar reichlich bemessene Zeit, damit er dieses Negativ in seinen Gedanken entwickeln kann, so daß er nun das fertige Bild im Kopf hat.

Lesen Sie zu dieser Aufgabe ein erstes Mal die Fabel ohne Ihren Partner und zeichnen Sie sich durch senkrechte Striche Ihre Spannungspausen im Text ein.

Anmerkungen zum Vortrag

Eine Spannungspause verlangt immer, daß die Stimme beim letzten Wort des Satzes oder auch Satzteiles nicht plötzlich abfällt, sondern in ihrer Tonhöhe gestützt und gehalten wird.

Zwei Beispiele zum ersten Bild mögen dies erläutern:

Falsch

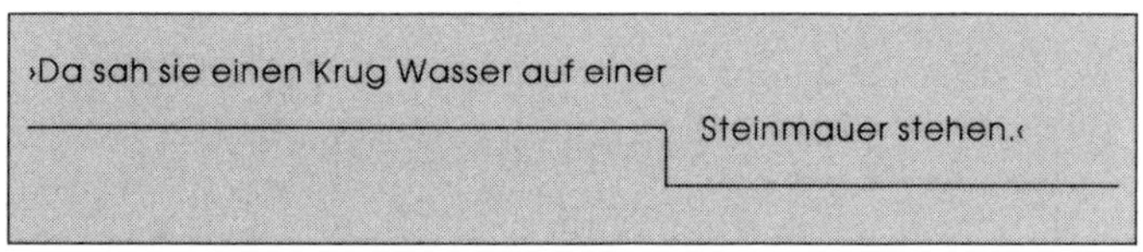

Sie erkennen an dieser graphischen Darstellung, daß die Stimme bei den letzten beiden Worten stark abfällt. Eine Spannungspause ist danach nicht mehr möglich.

Richtig

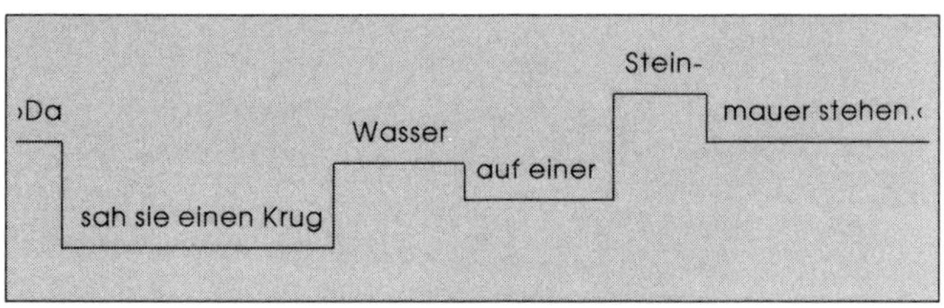

Jonglieren Sie hier mit der Stimmhöhe so, daß Sie diese am Satzende etwa halten können. Sprechen Sie – wie Sie das in Kapitel 1 geübt haben – die letzten Worte des jeweiligen Satzes aus dem Gedächtnis, damit Sie Ihre Mimik gestalten und Blickkontakt zu Ihrem Partner aufnehmen können.

›Die Krähe freute sich und flog schnell hin.‹ Zu Bild 2

Lassen Sie nach diesem sprachlich abgeschlossenen Bild dem Zuhörer durch eine Spannungspause Zeit. Er möchte sich gedanklich vorstellen können, wie die Krähe zur Steinmauer hinfliegt.

›Aber sie konnte nicht an das Wasser gelangen, ihr Schnabel war zu kurz.‹ Zu Bild 3

Bereits an dieser Stelle ist das Bild, das in die Zuhörer projiziert wird, inhaltlich abgeschlossen. Gehen Sie deshalb erst zum nächsten Satz über, wenn Sie Ihrem Partner durch eine Spannungspause genügend Zeit gelassen haben, das Bild in sich aufzunehmen.

**›Die Krähe hüpfte enttäuscht
auf einen Baumstumpf und dachte nach.‹** Zu Bild 4

Wie könnten Sie diesen Text bildhaft vortragen, damit Ihr Partner die Geschichte weiterhin interessiert verfolgt?

Zwei verschiedene Arten der Darstellung sind denkbar:

Einmal mit nur einer Spannungspause erst am Ende des vorgetragenen Satzes:

**›Die Krähe hüpfte enttäuscht
auf einen Baumstumpf und dachte nach... (Pause)**

Die zweite Möglichkeit mit zwei Spannungspausen sieht so aus:

**›Die Krähe hüpfte enttäuscht auf einen Baumstumpf...
(erste Pause)
und dachte nach... (zweite Pause)**

Der Vortrag zu den übrigen Bildern soll in ähnlicher Weise von Ihnen gestaltet werden. Wenn Sie sich in die Übung zu den Spannungspausen gut eingearbeitet haben, wird es Ihnen in Ihrer späteren freien Rede, sei es beim Zitieren oder beim Fachvortrag, nicht mehr passieren, daß Sie ›unbekümmert um die Leute, um die Luft im Saale . . .‹ drauflossprechen. Für Sie ist eine Rede dann wirklich ein Dialog zwischen Redner und Zuhörer.

Der Schlußsatz

Es ist immer wieder verblüffend, daß gerade an dieser Stelle so viele Rednerschüler stolpern. Sie rennen, gleichgültig ob sie einen vorgegebenen Text vortragen oder die eigene freie Rede halten, in den Schlußsatz mit einem Tempo hinein, als gelte es, eine Siegestrophäe zu erringen. Lassen Sie sich im Vortrag aber gerade beim Schluß viel Zeit, da er sich dem Hörer am nachhaltigsten einprägt.

● Bereits bei der Vorbereitung sollten Sie sich der Gestaltung des Schlußsatzes am intensivsten widmen; er ist der wichtigste und zugleich schwierigste Teil einer Übung zum Rednervortrag.

Jede Erzählung lebt von ihrem Schluß; der Beginn und ihr Verlauf sollen jedoch das Interesse des Hörers wecken und wachhalten. Hier in der Fabel sind Anfang und Ende einander beispielhaft gegenübergestellt. Sehen Sie selbst, welche Spannung Äsop bereits in den ersten Satz legt:

»Eine Krähe war nahe daran, zu verdursten.«

Der Hörer dieser Zeilen fragt sich, was geschehen wird und folgt der weiteren Handlung aufmerksam, denn der angesetzte Spannungsbogen wird bis zum letzten wichtigen Wort durchgehalten:

»Und trank sich in aller Ruhe satt.«

Es ist Ihnen sicher deutlich geworden, daß gerade im Schlußsatz akustisch nichts unter den Tisch fallen darf. Viele Rednerschüler machen den Fehler, daß sie die letzten Worte ihrer Rede immer leiser sprechen und dadurch die Angst vor dem Ende ihrer Darbietung erkennen lassen.

An diesem Beispiel können Sie als Redner versuchen, dem Zuhörer das Bedeutsame des Schlusses zu veranschaulichen. Gehen Sie dabei Schritt für Schritt, Wort für Wort mit der Stimme herunter, so daß Sie wie in einem Bogen abwärts sprechen und die anfangs erzeugte Spannung langsam freigeben.

Das Sprechen im Bogen schließt allerdings nicht aus, daß Sie die Worte voneinander absetzen. Der Schluß erfährt eine Dehnung, wie auch in einem Musikwerk die letzten Takte als Ritardando allmählich langsamer werden können.

Versuchen Sie es einige Male, bis Sie spüren, was Langsamsprechen heißen kann. Hier müssen Sie vom vierten Gang in den dritten schalten, dann in den zweiten, in den ersten, bis Sie zum Stehen kommen – und das in aller Gemütsruhe:

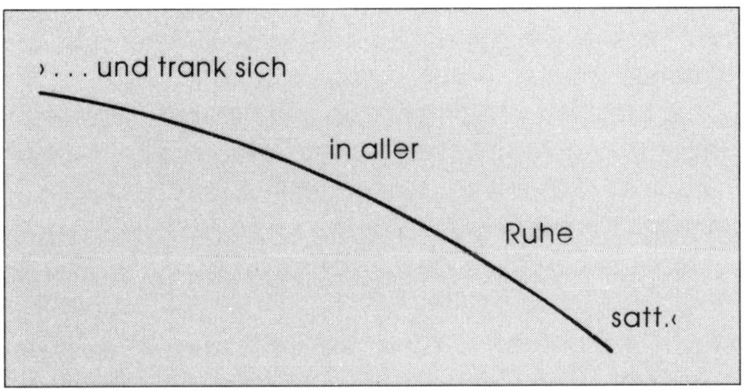

Blickkontakt und Pausen

Lassen Sie das Gesprochene in Ihrer Vorstellung wie ein Bild erscheinen oder wie einen Film ablaufen.

Treten Sie nun mit Ihrem gesamten Text nach vorn und beginnen Sie, die Fabel ›Die Krähe und der Krug‹ in der Art zu lesen, daß Sie zu Ihrem Partner Blickkontakt aufnehmen, während Sie die letzten Worte eines Gedankens zum jeweiligen Bild vortragen.

Durch den Augenkontakt vergewissern Sie sich, ob der Inhalt verstanden wird. Sie werfen also nicht einfach einen flüchtigen Blick zu Ihrem Publikum, vielmehr lernen Sie, mit Ihren Augen aktiv zu werden, so daß Ihr Mienenspiel lebendig wird. Wollen Sie nach dem Hinausschauen ohne Zeitverlust die Anschlußstelle wiederfinden, sollte Ihr linker oder rechter Daumen – je nachdem, ob sich der Text auf der linken oder rechten Bildseite befindet – zeilenweise nach unten mitrücken.

Nach einer kritischen Erörterung mit Ihrem Partner findet wie immer ein Rollenwechsel statt, wobei Sie den Text jetzt nicht mehr in Ihren Händen haben. So können

Sie als Hörer besser den Augenkontakt Ihres Gegenübers aufnehmen.

Geben Sie nicht auf, bevor Ihnen und Ihrem Partner aktiver Augenkontakt und eine exakte Ausführung des Schlusses gelungen ist.

Gesprächsführung beim Bildervortrag

In der folgenden Arbeit legen Sie Ihrer freien Rede einige Landschaftsbilder Ihrer Wahl zugrunde, jedoch im Unterschied zur vorherigen Übung ohne Text. Zu diesen Bildern, die Ihnen einen Stichwortzettel ersetzen, halten Sie einen kurzen Vortrag.

Die Bilder sollten unaufdringliche Motive wie die Abbildungen auf der gegenüberliegenden Seite zeigen, damit Sie sich als Erzähler bemühen müssen, inhaltlich etwas daraus zu machen.

Sie erzählen Ihren Freunden von einer Privatreise ins Gebirge und schmücken dabei jedes Bild durch Ihre Erlebnisse aus. Damit geben Sie der Erzählung einen persönlichen Charakter.

Oder Sie werben als Angestellter eines Reisebüros für einen Ausflug ins Gebirge. Bei dieser Art der Darbietung stellen Sie die Vorzüge der Reise und die entsprechenden Attraktionen in den Vordergrund.

Die Reihenfolge Ihrer Bilder und die zeitliche Abfolge der Darbietungen bestimmen Sie selbst. Nicht jedes Bild muß in gleicher Ausführlichkeit kommentiert werden; aber lassen Sie dem Betrachter ausreichend Zeit, ein Bild in seiner Gesamtaussage zu erfassen.

Es ist wichtig, daß Sie nicht abbrechen, sondern den Vortrag bewußt zu Ende führen.

Dieser Bildervortrag ist auch eine Übung für Menschen, die sich vor dem Steckenbleiben fürchten; aber deshalb brauchen Sie keine Angst zu haben: wenn Sie nicht mehr weiter wissen, gehen Sie einfach zum nächsten Bild über.

- Lassen Sie sich nicht verwirren, auch wenn zu den Bildern nur ein bis zwei Sätze zu sagen sind.

Anrede und Begrüßung

Bei der Anrede der Anwesenden zeigt sich bereits, ob Sie sich Gedanken über Ihre Zuhörer gemacht haben. Jeder Gast ist Ihnen für eine persönliche Anrede dankbar. Sofern es zu umgehen ist, sollten Sie daher schablonenhafte Formeln wie ›Verehrte Anwesende‹ oder ›Liebe Anwesende‹ vermeiden.

Anredeformen
Liebe Fotofreunde ...
Liebe Skifahrer ...
Liebe Kolleginnen und Kollegen ...

Bemühen Sie sich, für Ihre Zuhörer eine persönlich wirkende Anrede zu finden, und ergänzen Sie die drei nebenstehenden Vorschläge ...

Vergessen Sie bei der Einleitung nicht, was Sie in Kapitel 2 gelernt haben: Sie beginnen nicht mit »Ich möchte ...«, sondern beziehen die Zuhörer sofort mit ein und sprechen sie direkt an. Dazu lassen Sie sich eine hübsche Geschchte als Einleitung einfallen.

Gestaltung des Vortrags

Finden Sie nicht auch, daß es für den Redner viel schöner ist, mit dem Blick zum Publikum zu sprechen, statt die Augen starr auf das Bild zu heften? Versuchen Sie es und erfassen Sie Teile des jeweils dargestellten Bildes rasch in Ihren Gedanken, um dann mit Blick auf die Zuhörer frei zu sprechen.

Dies gelingt vor allem bei Bildern, die man selbst »geschossen« hat, da hier eine Beziehung zwischen Bild und Vortragendem vorhanden ist. Diese Beziehung sollte jedoch auch bei vorher fremden Bildern angestrebt werden, indem man versucht, das Bild geistig zu erfassen.

Lebendige Sprache

Wenn Sie außerdem statt der beliebten Hilfsverben »haben« und »sein« die lebendigeren Verben der Bewegung verwenden, wird man Ihnen gern zuhören.

Richtig

»Zu diesem lohnenden Aussichtspunkt gelangten wir ...«
»Nach einem zweistündigen Aufstieg kehrten wir in dieser zünftigen Hütte ein.«

Starre Bilder ohne Leben und das häufige Verwenden von Hilfsverben kennzeichnen eine unbewegliche Sprache:

Falsch

»Also hier haben wir einen lohnenden Aussichtspunkt.«

»Hier sehen Sie die Hütte, in der wir Rast machten.«

Finden Sie eine günstigere Formulierung mit Verben der Bewegung (wandern, fahren, schwimmen, segeln, laufen...) für die beiden folgenden Sätze:

»Dies ist der Nachbarort Spitzkirchen.«

»Ja, und hier ist im Hintergrund die berühmte Kirche...«

Verknüpfen von Bildern und Gedanken

Üblicherweise steht eine Reihe von Fotografien in einem bestimmten Zusammenhang. Aber auch wenn dieser nicht sofort auffällt, sollten Sie stets versuchen, eine Verbindung zwischen den Einzelaufnahmen aufzubauen. Dazu stellen Sie beim Vortrag nicht ein Bild isoliert neben das andere. Sie richten vielmehr Ihr Augenmerk darauf, das jeweils folgende Bild mit dem vorangegangenen zu verknüpfen. Zur Verdeutlichung, wie das gemeint ist, soll ein Beispiel dienen.

Richtig

»Aber nicht nur der Wanderer kommt in diesem Urlaub auf seine Kosten; auf dem benachbarten Grünwaldsee können Sie Ruder- und Tretboote ausleihen und haben zusätzlich Gelegenheit zum Segeln.«

Hier ist die Verknüpfung der Bilder gelungen. Der Vortragende hat die notwendige Brücke gebaut. Der Hörer muß keinen Sprung machen, um von Bild zu Bild zu gelangen.

Falsch

»In dieser schönen Gegend laden viele Berge zum Wandern ein. Also dies ist der nahegelegene Grünwaldsee, wo es auch einen Bootsverleih gibt und man auch segeln kann...«

Zwischen zwei Bildern entsteht ein gedanklicher und sprachlicher Bruch. Das Zuhören ist durch zusammenhangloses Aneinanderreihen erschwert.

Verbindende Nebensätze

Auch mit Nebensätzen, die durch Bindewörter wie ›während, obgleich, wenn‹ eingeleitet werden, lassen sich gedankliche Verbindungen zwischen den einzelnen Aufnahmen herstellen. Versuchen Sie, diese so zu gestalten, daß sie für die Zuhörer nachvollziehbar sind und bildhaft in Erinnerung bleiben.

Nach dieser allgemeinen Vorbemerkung können Sie nun mit dem mündlichen Bildervortrag beginnen. Beachten Sie dabei besonders eine lebendige Formulierung sowie das gedankliche Verknüpfen der Bilder.

Falls Sie die Lektion in Einzelarbeit durchführen, verdeutlichen Sie sich jetzt noch einmal Ihre Leistung an den Bemerkungen zum Lernerfolg am Ende dieses Kapitels.

Wenn Sie zusammen mit einem Partner arbeiten, gehen Sie nach der gemeinsamen Besprechung Ihres Bildervortrags zum Rollenwechsel über.

Kritik als Hilfe

An dieser Stelle soll nicht versäumt werden, Prinzipielles zur gegenseitigen Kritik zu erwähnen. Das Wort ›Kritik‹ kommt aus dem Griechischen und hat unterschiedliche Bedeutungen. In Langenscheidts griechisch-deutschem Taschenwörterbuch wird in der Übersetzung die positive Auslegung des Begriffes zuerst genannt, die negative am Schluß:

1. Scheiden, trennen, unterscheiden, gutheißen;
2. urteilen, beurteilen;
3. richterlich urteilen (richterlich entscheiden, vor Gericht fordern, verklagen, verhören, verurteilen).

Was ist gut?
Welche Gedanken sind originell?
Welche Sprechleistung ist lobenswert?
Was gilt es zu verbessern?

Sie sollten also bei Ihrer Kritik nicht das Verurteilen im Blick haben, sondern vor allem positiv gestimmt sein.

Lernerfolg

Die Lernziele von Kapitel 5

Sie haben aufgrund intensiver Mitarbeit gelernt,

- eine Rede als Dialog zwischen Redner und Zuhörern aufzufassen und als Redner interessant auszuführen.
- auf den Dialog durch Augenkontakt einzuwirken.
- eine Spannungspause als Gegensatz zu einer Verlegenheitspause zu betrachten und entsprechend einzusetzen.
- durch eine Spannungspause dem Hörer Gelegenheit zum Nachdenken und Aufnehmen zu geben.
- durch Stimmkraft, Stimmlage und Tempoverzögerung den Schluß eines gelesenen Textes oder einer Rede bewußt zu führen und als solchen erkennen zu lassen.

Sie haben an einer Bilderserie üben können,

- eine Rede mit einer persönlich wirkenden Anredeform zu beginnen.
- eine Rede vom Anfang bis zum Schluß durchzuhalten und unfreiwillige Pausen oder totales Steckenbleiben durch das Aufgreifen des jeweils folgenden Bildes, das Ihnen als Stichwort dient, zu überspielen.
- verschiedene Bilder und Gedanken miteinander zu verknüpfen.
- lebendig darzustellen, indem Sie Hilfsverben vermeiden und Verben der Bewegung in Ihre Rede aufnehmen.
- Ihre Augen vom Bild als ›Stichwort‹ zu lösen und frei zu Ihren Zuhörern zu sprechen.

Es gibt vielleicht
keine glücklichere Manier,
als alle Dinge vom Standpunkt des Malers aus
zu betrachten.

Christian Morgenstern

KAPITEL 6

Die Bedeutung der Rhetorik

Die alte Kunstform der Rhetorik kommt aus der Kultur der Griechen; bei den Römern wurde sie zu ihrer Hochform entwickelt. In ihrem Kern enthält sie ähnliche innere Gesetze wie andere Künste. Nehmen Sie als Beispiel die Malerei: Wie ein Bild, das immer aus einem Ganzen besteht, kann auch die freie Rede nicht als ein Stückwerk aneinandergereihter Sätze gesehen werden. Alle Teile, besonders aber Anfang und Schluß der Rede, müssen in einer Beziehung zueinander stehen.

Die Gesamtwirkung

Für den Künstler gilt bei der Arbeit, daß seine sichere Hand beim Malen einer Figur bereits weiß, wie die andere zu gestalten sein wird. Er kennt also zu jedem Zeitpunkt der Arbeit am Bild dessen beabsichtigte Gesamtwirkung, auf die es in der Kunst schließlich ankommt. Nicht das gut herausgearbeitete Detail, sondern das Ganze als gestaltete und erkennbare Einheit ist des Betrachtens wert.

Selbst in der Aneinanderreihung von Einzelheiten hat die Rede eine vom Inhalt geprägte Einheit zu vermitteln.

Wie geht nun der Rhetoriker in der freien Rede vor? Wenn er die Einleitung beginnt, muß er im Auge haben, zu welchen Zielen er steuern will.

Der Redner muß während des Erarbeitens stets überprüfen, ob in seinem Werk der innere Zusammenhang gewahrt ist.

Vorbereitung einer Rede

Wer möchte eine Rede eröffnen, wenn er nicht weiß, welche Gedanken er im Hauptteil vorzutragen haben wird? Deshalb kann die Ausarbeitung einer Rede nicht bei der Einleitung ansetzen. Sie findet vielmehr ihren Entstehungspunkt im Hauptteil, der durch direkt ansprechende Stichworte und die daraus entwickelten Gedankengänge geprägt ist. Erst nach dieser Vorarbeit kann die notwendige Einleitung der Rede formuliert werden. Der Schluß sollte die Hauptgedanken noch einmal aufgreifen und das Ziel verdeutlichen. Unter Beachtung dieser Vorgabe befassen Sie sich jetzt zunächst mit dem Hauptteil.

Stichwortzettel als Gedankenstütze

Mit einem ›bildlichen Stichwortzettel‹ für einen Bildervortrag haben Sie bereits gearbeitet und jedes Bild dabei mit einem Gedanken gleichgesetzt. Der nächste, darauf aufbauende Schritt ist die schriftliche Ausarbeitung eines Stichwortzettels für einen freien Vortrag.

Wählen Sie sich dazu ein einfaches Thema, über das Sie referieren möchten, weil Sie es inhaltlich bereits beherrschen, und notieren Sie die zugehörigen Stichworte untereinander.

Früher war es unter den Rednern gebräuchlich, eine Rede schriftlich genau im Wortlaut auszuformulieren, um sie dann auswendig vortragen zu können. Welche Belastung dies für einen Redner darstellte, berichtet JEAN JACQUES ROUSSEAU, der sich krank meldete, um eine Rede nicht halten zu müssen. AUGUST BEBEL, der Gegenspieler von OTTO VON BISMARCK im Deutschen Reichstag, geriet 1864 in Leipzig durch eine auswendiggelernte Rede in eine peinliche Situation. Er schreibt:

»Ich blieb mitten in der Eröffnungsrede elend stecken. Das Ende war, daß nicht ich, sondern Dolge zum Vorsitzenden gewählt wurde. Ich gelobte mir, nie mehr eine Rede einzustudieren und bin damit gut gefahren.«

Umfang des Stichwortzettels

Damit Ihr Eifer nicht in die falsche Richtung gelenkt wird, muß an dieser Stelle auf einen weit verbreiteten Fehler aufmerksam gemacht werden: das Schreiben ganzer Sätze, bis hin zu einem Aufsatz über mehrere Seiten. Das sieht zwar auf dem Papier für den Redner beruhigend aus. Aber vor die Aufgabe gestellt, dies vorzutragen, schleppt er sich mühsam ablesend von Wort zu Wort und von Satz zu Satz. Damit macht er sich zu einem Gefangenen seiner selbst.

Versuchen Sie deshalb von Anfang an, bei Ihrem Vortrag Auswendiglernen und Ablesen zu vermeiden.

Notieren Sie nur wenige Stichworte, nicht aber zusammenhängende Sätze.

Niedergeschriebene ganze Sätze blockieren die Gedanken des Redners; sie hindern ihn an dem für eine freie Rede notwendigen freien Denken. Ein Stichwortzettel hingegen gibt Ihnen die Möglichkeit, vor den Zuhörern und mit ihnen gemeinsam Gedanken zu entwickeln.

Verwenden Sie für die Niederschrift ein DIN-A5-Blatt, das sich wegen seiner Größe gut in der Hand halten läßt, und plazieren Sie hier Ihre Stichworte in übersichtlicher Weise untereinander. Vergessen Sie dabei nie:

- Ein Stichwortzettel ist kein Stichsatzzettel!

Wissenserweiterung

Eignen Sie sich durch Fachliteratur, Beiträge im Fernsehen oder Radio sowie Gespräche gezielte Fachkenntnisse zu einem Thema an. Legen Sie sich – zunächst in zwangloser Reihenfolge – eine Stoffsammlung nach Stichworten an, die Sie anschließend in eine logische Reihenfolge bringen.

Der Stichwortzettel sollte zur Unterstützung eine Anzahl Reservestichworte enthalten, die der Redner bei seinem Vortrag unter Umständen weglassen kann, falls es die ablaufende Redezeit gebietet. Denn gerade das Beherrschen eines großen, ins Detail gehenden Stoffwissens stärkt dem Redner das Rückgrat.

Solides Wissen hilft beim Aufzeigen neuer Aspekte oder bei Rückfragen der Zuhörer.

Zweifellos kann eine Rednerschulung niemals nur darin bestehen, Redetechnik zu vermitteln. Der Redner muß als Persönlichkeit einen Reifeprozeß durchleben. Seine Kräfte werden sich formen, und dazu kann nicht zuletzt eine Wissenserweiterung ein gutes Stück beitragen. Arbeiten Sie sich deshalb intensiv in den Stoffinhalt Ihres Stichwortzettels ein.

Nehmen Sie nun wieder Papier und Stift zur Hand und fertigen Sie in Einzelarbeit oder zusammen mit Ihrem Partner oder der Gruppe einen Stichwortzettel für folgendes Thema an:

»Sport treiben – Schaden oder Nutzen?«

Versuchen Sie dabei, den Hauptteil durch zugehörige Stichworte treffend zu skizzieren. Das wird Ihnen bestimmt zu Ihrer Zufriedenheit gelingen, wenn Sie daran denken, nur Stichworte, aber keine Sätze zu schreiben.

Stichwortzettel

Vergleichen Sie bitte erst anschließend Ihre Arbeit mit dem hier als Beispiel angeführten Stichwortzettel. Vielleicht haben Sie eine ganz andere Reihenfolge geschrieben. Das ist vorstellbar, denn viele Wege führen nach Rom.

Gefahren des Sports

Übertreibung
Überanstrengung
Verletzungen – berufliche Konsequenzen
Selbstüberschätzung
Lebensgefahr – Bergsteigen

Sinn der sportlichen Betätigung

Ausgleich zum Beruf – sitzende Tätigkeiten
Freizeitbeschäftigung
Entspannung
Rhythmusgefühl
Beweglichkeit
Körperertüchtigung
Konzentration – Klagen der Lehrer
Disziplin – Vordrängeln in Reihen
Gemeinschaftsdenken – Freundschaften
Naturerlebnis

Leitspruch

Mens sana in corpore sano (Ein gesunder Geist in einem gesunden Körper)

Dieser Ausspruch des römischen Satirendichters Juvenal bedeutete zwar ursprünglich, daß man die Götter um geistige und körperliche Gesundheit anflehen solle. Als Argument für sportliche Betätigung hat der Spruch aber mittlerweile eine ehrwürdige Tradition.

Sie erkennen die in übersichtlicher Form untereinandergeschriebenen Stichworte und dahinter eine Reihe von Beispielen. Bedauerlicherweise fallen bei vielen Reden, die von Anfängern gehalten werden, gerade die Beispiele, die zur Verständlichkeit beitragen könnten, häufig unter den Tisch. Der Hörer bekommt statt dessen eine trockene Masse vorgekaut, die er nun lustlos zu verdauen hat. Erfreuen Sie Ihre Zuhörer, indem Sie sich einige Beispiele ausdenken, die Sie dann auf der rechten Seite Ihrer Aufzeichnungen eintragen.

Wenn Sie den Stichwortzettel zum Hauptteil Ihrer Rede fertiggestellt haben, überlegen Sie sich bitte, über welches Anliegen Sie zu den Zuhörern sprechen wollen.

Ohne innere Überzeugung läßt sich auch zum sachlichsten Thema keine Rede ausführen.

Was soll sich Ihren Hörern aufgrund des Inhalts und der Darbietung besonders einprägen? Lassen Sie diese Gedanken als roten Faden in Ihrer Rede einige Male wiederkehren, jeweils in abgewandelter Form und in einem anderen Wortlaut.

● Schreiben Sie Ihr Leitmotiv mit Rotstift in knapper Form unter die Stichworte und fügen Sie auf dem Blatt an allen Stellen ein Zeichen ein, an denen der Gedanke wiederkehrt.

Kennzeichnen Sie in dem Stichwortzettel zum Thema ›Sport treiben‹ die jeweiligen Stichworte, bei denen der Leitspruch »Ein gesunder Geist in einem gesunden Körper« zum Ausdruck gebracht werden kann und den Zuhörer zu einer positiven Einstellung zum Sport führt. Sind Sie dagegen der Ansicht, daß Sport ein größeres Risiko und demzufolge Schaden mit sich bringt, dann erwähnen Sie zuerst den zwar vorhandenen Nutzeffekt, betonen aber an zweiter und letzter Stelle die Gefahren des Sports.

Die Einleitung

Nachdem Sie den Hauptteil inhaltlich gefaßt haben, ist die dringlichste Aufgabe die Ausarbeitung des Anfangs der Rede, hier also die schriftliche Fixierung der Einleitung. In diesem Anfang zeigt es sich, ob Sie die Anwesenden aktivieren und zum Zuhören motivieren können. Den partnerbezogenen Redebeginn kennen Sie bereits aus den Übungen des zweiten Kapitels; jetzt wird diese Arbeit durch das Heranziehen von aktuellen oder geschichtlichen Beispielen erweitert.

Der Redner muß sein Thema gründlich kennen, wenn er den Zugang zum Hörer finden will. Die folgende Einleitung aus einer politischen Rede zum Thema ›Gewaltfreiheit – ein Mittel der Politik‹, die PETRA KELLY im Bundestag hielt, soll Ihnen demonstrieren, wie treffsicher ein Redner mit einem Geschichtsbezug einsetzen kann.

Versuchen Sie anschließend, diese Art des Einstiegs auf Ihr Sportthema zu übertragen, wobei nicht ausgeschlossen sein soll, daß Sie anstelle eines historischen Beispiels ein aktuelles vorziehen, um den entsprechenden Bezug zwischen Ihrem Thema und den anwesenden Zuhörern herzustellen.

Beispiel eines Redebeginns

PETRA KELLY (Die Grünen) in der Plenardebatte vom 5. Mai 1983 zur Regierungserklärung von Bundeskanzler HELMUT KOHL vor dem Deutschen Bundestag:

»›Daß die Dinge geschehen, ist nichts, daß sie gewußt werden, ist alles.‹

Liebe Freundinnen und Freunde! ROSA LUXEMBURG erklärte im September 1913 auf einer politischen Veranstaltung: ›Wenn uns zugemutet wird, die Mordwaffe gegen unsere französischen Brüder zu erheben, dann rufen wir: Nein, das tun wir nicht.‹ Dieser Humanismus kam einem Hochverrat gleich. Der Richter verurteilte die Angeklagte Luxemburg zu einem Jahr Gefängnis....«

Übung zum Redebeginn

Wenn Sie eine Einleitung zu Ihrem Thema schreiben wollen, legen Sie sich bitte ein zweites DIN-A5-Blatt an, das jedoch eine andere Farbe als der bisherige Stichwortzettel zum Hauptteil Ihrer Rede hat.

Formulieren Sie Ihren Einleitungssatz am besten wörtlich, und beginnen Sie entweder geschichtlich oder ganz aktuell: »Gestern morgen ...«, »Heute nachmittag...«. Durch diese Art der Einleitung haben Sie bereits eine gute Vorarbeit für das spätere Erlernen einer Überzeugungsrede geleistet.

Damit kein Mißverständnis entsteht: der Anfangssatz soll nur zu Ihrer letzten Sicherheit auf dem Papier stehen. Auswendiggelernt und gut beherrscht, trägt er zur Überwindung der Anfangsnervosität des Redners bei.

Da sich auch in der Einleitung gar nicht selten ein Fehler einschleicht, prüfen Sie jetzt bitte nach, ob Ihr Text wirklich ein konkretes Beispiel enthält. Sollte dieses Beispiel fehlen, so verändern Sie einfach den Anfang

Ihrer Rede. Erst nach der Überprüfung ist an einen wirksamen Vortrag des Beginns und des darauffolgenden Hauptteils der Rede zu denken.

Überwindung des Lampenfiebers

Das Lampenfieber eines Redners ist zu keinem Zeitpunkt heftiger als zu Beginn seines Auftrittes. Hat man sich intensiv vorbereitet, läßt das Lampenfieber normalerweise bereits nach wenigen Sätzen nach. Diese ersten spannungsgeladenen Minuten aber haben Darsteller – Redner wie Schauspieler – in gleicher Weise zu bewältigen. Scharfsinnige Psychologen gehen nun davon aus, der vom Lampenfieber innerlich flatternde Redner müsse sich einen Trick überlegen, um gut über den Redestart hinwegzukommen: ›Lassen Sie doch zu Anfang schnell einen Bleistift fallen und heben Sie ihn auf.‹

Diese Bewegung soll mit einhergehendem Ausatmen angeblich die Anfangsnervosität aus dem Weg räumen und den Redner ›über die Dinge stellen‹. Dabei kann nicht verborgen bleiben – auch dem Hörer und Zuschauer nicht –, daß sich der Redner zum Hampelmann herabwürdigen soll.

Man stelle sich die tödliche Langeweile vor, die entstünde, wenn alle Schauspieler, Sänger oder Redner ihren Auftritt durch das Fallenlassen eines Bleistifts beginnen würden. Es ist nicht vorauszusehen, was ein Redner auf dem Podium anschließend mit dem Bleistift beginnt, der nur noch zu einem zusätzlichen unbewußten Hantieren verleitet. Sollte der Redner, der eine Bühne betritt, statt an seinen Trick zu denken, nicht besser von den Ideen durchdrungen sein, die er in seiner Rede übermitteln will? In diesem Fall hat er in seinen Gedanken gar keinen Platz für einen Trick.

Aber wie können Sie Ihr Lampenfieber anders überwinden? Zuerst muß gesagt werden, daß Sie sich ein gesundes Maß davon sogar bewahren sollten. Sie selbst kennen bestimmt das ›Reisefieber‹. Auch das ist etwas ganz Natürliches: man erwartet unruhig neue Erlebnisse. Gehen Sie mit Ihrer Vorfreude (und ein wenig Angst) auch an Ihre Rede; denn Sie sind gut vorbereitet, haben einen Stichwortzettel als Stütze und beherrschen Ihre Einleitung. Diese drei Voraussetzungen halfen schon vielen Rednern.

Wie die gefürchtete Erstlingsrede ein Erfolg werden kann, schreibt ERNST HAECKEL in einem Brief an seine Eltern:

»Die ungeheure peinliche Angst, mit der ich mich fast zwei Monate täglich vor dieser Stunde fürchtete, war allerdings ziemlich überflüssig gewesen. Anfangs schien es zwar, als wollte mir die Stimme in der Kehle ersterben; nachdem aber erst die ersten auswendig gelernten Sätze heraus waren, ging der andere Teil ganz fließend und leicht ab; und zwar hielt ich den Vortrag ganz frei. Ich hatte mir bloß vorher das Gerippe allgemein aufgeschrieben.«

Das Ende einer Rede

Die bisherigen Ausführungen befaßten sich mit dem Stichwortzettel zum Hauptteil, mit dem Redebeginn und der Überwindung des Lampenfiebers. Wie aber ist eine Rede durch einen wirksamen Schluß zu beenden? KURT TUCHOLSKY weiß hier den schlechten Redner genau zu unterrichten:

»Kündige den Schluß an, und dann beginne deine Rede von vorn und rede noch eine halbe Stunde. Dies kann man mehrere Male wiederholen.«

Wie die Einleitung sollten Sie auch den Schlußteil auswendig beherrschen, also oft genug üben.

Ein anderer Hauptfehler ist Ihnen sicher auch schon aufgefallen. Die Tatsache, daß viele Rednerschüler ihren Schluß mit dem beliebten Verlegenheitssatz »Das war's« beenden, zeigt Ihnen als Zuhörer die Unsicherheit, in der sich der Redner oft noch am Ende seiner Rede befindet. Dies entspricht spiegelbildlich der unerfreulichen Einleitung mit den Worten: »Ich möchte Ihnen gerne ...«

Dagegen bietet sich erfahrungsgemäß für das Ende folgendes an:

- eine Zusammenfassung, wenn sie klar und übersichtlich gerafft ist
- eine Bitte oder Forderung, die genügend prägnant formuliert ist
- ein allgemein gültiger Ausspruch

- ein Gedankenanstoß, der einen Anreiz zum Weiterdenken bietet und den Zuhörer zum Handeln anregt.

Das Finden von Schlußgedanken

Formulieren Sie in Einzelarbeit auf einem weiteren andersfarbigen DIN-A5-Blatt wörtlich Ihre Schlußgedanken. Bedenken Sie bei der Ausarbeitung, daß der Hörer mit diesen letzten Eindrücken nach Hause geht und Ihre Gedanken ihn dabei begleiten.

Häufig wird gefragt, ob man eine Rede nicht einfach mit dem Satz schließen soll: »Ich danke Ihnen.« Wenn Sie meinen, daß Ihre Rede für den Hörer eine Zumutung war, dann können Sie sich für das Zuhören bedanken. Sind Sie jedoch der Ansicht, daß Sie als Redner den Zuhörern etwas vermittelt haben, für das diese dankbar sein können und es offenbar auch sind, dann müßten sich diese Zuhörer bei Ihnen bedanken, zum Beispiel mit Applaus.

Sie kommen also, wenn Sie ein guter Redner werden wollen, um einen gelungenen Schluß Ihrer Rede nicht herum.

Vortrag des Schlusses

Gerade in der Schlußphase verstricken sich viele Rednerschüler. Sie haben ihren Schlußsatz gesagt, und plötzlich wird ihnen die Unmöglichkeit bewußt, vom Podium wegzugehen. Ihre Stimme machte sich selbständig und verirrte sich in eine Tonhöhe, in der die Zuhörer eine Spannungspause vermuten. Der Redner hat in diesem Fall nicht mehr die Macht über seine Stimme, sondern die Stimme regiert.

Wenn Sie in Kapitel 5 die Übung zur Bildergeschichte »Die Krähe und der Krug« konzentriert durchgearbeitet haben, wissen Sie bereits, wie Sie im letzten Satz einer Rede mit Ihrer Stimme umzugehen haben. Setzen Sie sich beim Vortragen des Schlusses das Ziel, Ihre Stimmkraft bis zum letzten Wort durchzuhalten oder, je nach Thema, zum Schluß zu steigern. Das notwendige Ritardando, das Langsamerwerden, das Sie bei Rednern hören können, wird nicht selten durch eine bewußt angelegte Rhythmisierung in den letzten Silben des Schlußsatzes zusätzlich verstärkt. RICHARD VON WEIZSÄCKERS bekannte Rede zum 8. Mai 1985 schließt mit den Worten: »... Schauen wir am heutigen 8. Mai, so gut wir es können, der Wahrheit ins Auge.« Das rhythmische Gefüge der letzten Silben ist

Rhythmisierung

unverkennbar. Sie können es nachvollziehen, indem Sie diesen Satz einmal laut lesen und mit einem Stift Akzente setzen: x́xx x́x (Wáhrheit ins Aúge).

Mit einer Rhythmisierung ist jedoch noch nicht alles erreicht. Die Stimme muß bogenförmig nach unten geführt werden, nur so spürt der Zuhörer eindeutig den Schlußpunkt.

Für die Ausformulierung einer eigenen Rede versuchen Sie nun, zu dem folgenden kurzen Text einen Schlußsatz zu finden. Er soll in den letzten fünf oder sechs Silben eine Rhythmisierung enthalten: x́xx x́x oder x́xx x́xx.

»Dunstschleier

Alle sprechen vom Smog. Eine Laune des Wetters hat die Abgase von Autos, Industrie und Kraftwerken nicht abziehen lassen. In Berlin, Hamburg, Bremen und Teilen Niedersachsens erreichten die Schadstoffkonzentrationen so hohe Werte, daß der private Fahrzeugverkehr eingeschränkt, Heizungen gedrosselt und schwefelarme Brennstoffe eingesetzt werden mußten.

Eine Laune des Wetters, aber auch eine Warnung: Für saubere, gesunde Luft ist längst noch nicht genug getan, weder national noch international. Der Smog provozierte nicht nur Ärger und Geschimpfe: Zur Rettung der Umwelt sind viele bereit, Einschränkungen und Opfer zu ertragen. Deshalb ...«

Schreiben Sie nun den noch ausstehenden Schlußsatz zunächst in Ihrem persönlichen Stil (z. B. als Bitte an die Zuhörer formuliert). Versuchen Sie danach, durch Wortumstellungen oder -streichungen den Satz so zu gestalten, daß Sie einen der vorgegebenen Rhythmen erhalten. Er könnte beispielsweise so lauten:

»Deshalb: Im Bewußtsein für das Leben aller Menschen, die heute oder morgen leben werden, bitte ich Sie, täglich einen Baustein für die Umwelt zu setzen.«

Lernerfolg

Die Lernziele von Kapitel 6

Sie haben in diesem Kapitel gelernt, daß

- eine Rede immer ein Ganzes darstellen will.
- selbst in der Aneinanderreihung von Einzelheiten jede Rede in sich eine Einheit bilden muß.
- der Redner seine Ausarbeitung beim Hauptteil ansetzen soll.
- Stichwörter in übersichtlicher Form untereinanderzuschreiben sind.
- ein Stichwortzettel kein Stichsatzzettel sein darf.
- Sie sich ein umfangreiches Fachwissen aneignen sollten und Ihr Stichwortzettel entsprechend viele Reservestichworte enthalten muß.
- die Einleitung partnerbezogen sein soll.
- Sie in der Einleitung mit einem aktuellen oder geschichtlichen Beispiel beginnen.
- es vorteilhaft ist, den Einleitungssatz auswendig zu beherrschen.
- der Schluß niemals mit einem Verlegenheitssatz enden darf.
- ein bewußt formulierter und durchgeführter Schluß das Ende der Rede erkennen läßt.
- dem Hörer im Schlußteil der Rede eine Möglichkeit zum Mitdenken mitgegeben wird.

Was
du denkst und sagst,
ist vor allem Ausdruck.
Der sogenannte eigentliche Sinn
des Gesagten
ist nicht sein einziger Sinn.

Christian Morgenstern

KAPITEL 7

Von der Eintönigkeit zur Dynamik

Sicher haben Sie schon einmal die befremdliche Situation erlebt, daß Sie Ihre eigene Stimme, als Sie sie zum ersten Mal über eine Tonbandwiedergabe hörten, nicht wiedererkannten. Haben Sie aber bereits häufiger Aufnahmen gemacht, konnten Sie unter Umständen noch etwas viel schwerer Wiegendes bemerken: die monotone Wirkung des eigenen Sprechens, dem niemand zuzuhören scheint.

Oft versucht dann der unerfahrene Rednerschüler, einzelnen Wörtern Betonungen aufzusetzen, und verfällt dem Irrtum, die Gleichförmigkeit seiner Sprache sei damit abzustellen. Einzelne Akzentuierungen aber stellen lediglich Äußerlichkeiten dar, wie ein Beispiel aus der Musik verdeutlicht.

Es gibt den technisch perfekten Virtuosen, bei dem alle Raffinessen durch äußere Maßnahmen angelernt sind. Er läuft schließlich wie ein Automat ab. Sein nicht durchdachtes Spiel läßt den Zuhörer jedoch kalt, Betonungen werden um der Betonungen willen gesetzt. Beim wahren Interpreten hingegen ist die dynamische Veränderung im Spiel nicht nur antrainiert, sondern sie kommt durch inneres Erleben wie von selbst.

Auf die mögliche Anwendung in der Rhetorik bezogen, lautet die Frage: Kann ein Redner Dynamik, also die Technik der Differenzierung in laut und leise, erlernen und gleichzeitig von einem nur äußerlichen Betonungsschema wegkommen?

Textstrukturen

Ein Text von EUGEN GOMRINGER soll Ihnen in verständlicher Weise helfen, diesen Schritt zu bewältigen. Lesen Sie deshalb bitte das Gedicht und lassen Sie zunächst nur den optischen Eindruck auf sich wirken.

Bildhafter Text

Schweigen	**Schweigen**	**Schweigen**
Schweigen	**Schweigen**	**Schweigen**
Schweigen		**Schweigen**
Schweigen	**Schweigen**	**Schweigen**
Schweigen	**Schweigen**	**Schweigen**

Vermutlich wird Ihre erste Reaktion bei der optischen Aufnahme des Textes Befremden, Erstaunen, Besinnung sein.

Warum gelang dem Dichter nichts anderes als die vierzehnmalige Wiederholung des einen Wortes ›Schweigen‹?

Verwenden Sie ein weißes DIN-A4-Blatt, legen Sie dieses quer und versuchen Sie, beim Abschreiben des Textes bereits seine Besonderheiten zu erkennen. Übertragen Sie diesen Text in die Blattmitte und nehmen Sie ihn dabei innerlich auf.

Deutung

Wahrscheinlich haben Sie beim Lesen des Textes folgendes entdeckt:

- Es fehlen ganze Sätze; nur das eine Wort ›Schweigen‹ wird mehrfach wiederholt.
- Die Bedeutung des Wortes ›Schweigen‹ ist durch sein Erscheinen als Substantiv (Hauptwort) betont.
- Die Wörter stehen ohne erkennbare Verbindung, aber auch ohne durch Satzzeichen getrennt zu sein, nebeneinander.
- Offensichtlich besteht keine durchgängige Gedankenführung.
- Die äußere Wirkung des Textes beruht auf der Anordnung der Wörter, nämlich der Gruppierung um einen leeren Raum.

Bei diesen Überlegungen wird klar, daß man das Gedicht nicht inhaltlich lesend erfassen kann, sondern nur rein betrachtend; es wirkt zunächst optisch. Das Auge des Lesers ist erstaunt über die Ballung des Wortes ›Schweigen‹, angeordnet um einen leeren Raum: ›Schweigen‹.

Was aber hat den Dichter zu den ›Versen‹ veranlaßt? Warum wählte er nicht ein anderes Wort? Hat ›Schweigen‹ stets die gleiche Bedeutung?

Das Wahrnehmen von Intentionen

Versenken Sie sich nun in den Text. Eine Meditation ist für den Redner ein wichtiges Hilfsmittel, mit dem er sich auf eine Rede vorbereiten kann. Nicht jeder schafft dies gleich auf Anhieb, aber man muß es lernen, will man nicht als Nervenbündel auf die Bühne springen. Falls Sie keine Ruhe um sich herum haben, verschieben Sie diese Übung auf einen anderen Zeitpunkt, zu dem Sie sich besser konzentrieren können.

Geben Sie sich ganz Ihren Erinnerungen an bisherige Erlebnisse hin und versuchen Sie, die Gründe zu erforschen, weshalb Menschen von selbst zum Schweigen kommen oder von außen dazu veranlaßt werden können. Denken Sie auch an Ereignisse aus der deutschen Vergangenheit, an der Sie nicht direkt beteiligt waren. Sie werden allmählich Anteil nehmen an dem Rätsel des völligen Verstummens der dichterischen Sprache in der Mitte des Textes.

Angst, Resignation, Hoffnungslosigkeit, Mutlosigkeit, Erschrecken, Gleichgültigkeit, Trauer, Ratlosigkeit, Empörung, Protest, Auflehnung.

Aufgrund Ihres Nachdenkens über Ihre eigene Erlebniswelt haben Sie vielleicht einige Begriffe oder Stichworte wie die nebenstehenden gefunden.

Versuchen Sie nun, dem anfänglich befremdenden Text durch Sprechen näherzukommen. Falls Sie allein üben, übernehmen Sie das Sprechen aller vierzehn Wörter – einschließlich der Spannungspause in der Mitte des Gedichtes.

Arbeiten Sie jedoch mit einem Partner oder in einer Gruppe, so teilen Sie die Zeilen bitte untereinander auf. Jeder der fünf Zeilen geben Sie eine bestimmte Aussagemöglichkeit, stellen Sie die Reihenfolge, je nach hineingelegter Bedeutung, frei zusammen.

	a)	b)	**Deutungsmöglichkeiten**
1. Zeile:	Empörung	Befehl	sehr kräftig
2. Zeile:	Gleichgültigkeit	Resignation	mittelkräftig
3. Zeile:	Resignation	Hoffnungslosigkeit	leise
4. Zeile:	Angst	Ratlosigkeit	mittelkräftig
5. Zeile:	Protest	Auflehnung	sehr kräftig

In den hier vorgeschlagenen Möglichkeiten sind die erste und fünfte Zeile inhaltlich mit den stärksten Emotionen geladen. Deshalb besitzen Sie die größte Dynamik, vergleichbar dem Fortissimo in der Musik.

Das andere Extrem ist die in sich gekehrte Darstellung in der dritten Zeile, mit einer Stimme, die beinahe Flüsterton annehmen kann, um dann in der Gedichtmitte nicht mehr der Sprache, sondern nur noch dem Gedanken Raum zu geben und in der Erstarrung eines sprachlich dargestellten Schweigens zu versinken. Spiegelbildlich folgt danach wieder der Aufbau, dynamisch sich steigernd bis zum fordernden Schluß: Schweigen!

Das dynamische Sprechen

Sprechen Sie jetzt den Text des Gedichtes stimmlich variiert nach Ihrer Überzeugung, und achten Sie darauf, daß Sie die Endsilben des Wortes ›Schweigen‹ beim Sprechen nicht verschlucken.

Stehen Sie zum Sprechen auf, denn dann haben Sie viel mehr Kraft in der Stimme.

Wenn Sie glauben, daß es Ihnen gelungen ist, die einzelnen Inhalte durch sprachliche Dynamik deutlich zu machen, soll die praktische Anwendung der Dynamik in einer freien Rede erfolgen. Kontrollieren Sie aber Ihre bisherige Leistung – beispielsweise durch eine Tonbandaufnahme – so lange, bis Sie zufrieden sind.

Änderung einer vorbereiteten Rede

Eine Rede aus dem Stegreif halten zu müssen, ist für den Anfänger wie ein Alptraum. Vertrauen Sie jedoch Ihrem bisherigen Training, denn mit der Erfahrung und dem Reifeprozeß, den ein guter Redner durchmachen muß, ergibt sich die Fähigkeit, aus dem Stegreif sprechen zu können, beinahe von selbst.

Oft passiert es, daß bei einer Veranstaltung mehrere Redner zu einem Thema vorzutragen haben. Was nützt Ihnen eine gut vorbereitete Rede, wenn Sie feststellen müssen, daß Ihr Vorredner Ihre Gedanken bereits vorweggenommen hat? Welch' peinliche Situation beschwören Sie herauf, wenn Sie Ihre Rede wie vorbereitet halten und damit nur wiederkauen, was Ihr Vorredner bereits sagte! Vergessen Sie nicht, daß

Ihnen trotzdem das Wort erteilt wird, da Sie auf der Rednerliste stehen.

Zum Thema ›Erweiterung der Lebensfläche bei der Käfighaltung von Hühnern‹ hat Ihr Vorredner die folgende, auch von Ihnen akzeptierte Rede gehalten:

Redebeispiel eines Vorredners

»Meine Damen und Herren, die Erweiterung der Käfigfläche für Hühner ist seit geraumer Zeit im Gespräch, genauer gesagt, seitdem sich Tierschützer für eine Veränderung der Situation einsetzen. Bisher wurde Käfighühnern ein Platz von 500 cm^2 eingeräumt. Daß diese Fläche um zehn Prozent erhöht werden soll, ist nach den Zuständen, in denen sich diese Hühner derzeit befinden, als erfreulich zu bewerten. Auf der anderen Seite muß aber konstatiert werden, daß uns diese Zahlenwerte noch nicht zufriedenstellen können. Unsere Partei fordert deshalb eine Mindestfläche von 700 cm^2 pro Huhn. Bitte überdenken Sie dies, wenn es nachher zur Abstimmung kommt.«

Sie merken als nachfolgender Redner, daß Sie nichts generell Neues zu diesem Thema sagen können, zeigen aber Ihre Verlegenheit in wenigen pauschalen Sätzen:

»Meine Damen und Herren, im großen und ganzen hat mein Vorredner bereits alles gesagt. Ich möchte nur noch das eine oder andere hinzufügen...«

Dieser erste Satz ist für die Zuhörer ein Appell zum Abschalten, noch verstärkt durch den Einstieg ›...im großen und ganzen...‹, der ein Gähnen erzeugt. Vielleicht noch kombiniert mit einem gleichförmigen Tonfall des Redners wirkt die Rede, wie viele ihrer Art, als sicheres Schlafmittel.

Verstärkungen

Versuchen Sie, die oben dargestellte Situation durch einen anderen Redebeginn zu retten, indem Sie nicht einfach wiederholen, was Ihr Vorredner gesagt hat, sondern den Inhalt verstärken. Sicher erkennen Sie bei diesem Vorgang, welche Punkte Ihr Vorredner zwar angesprochen, aber nicht mit genügender Schärfe ausgeführt hat.

Gehen Sie mit vollem Einsatz Ihrer Kräfte an das Ziel heran, einen Gegensatz zu Ihrem Vorredner zu bilden.

Fertigen Sie deshalb aus den bereits abgeschliffenen Gedanken eine neue Rede an, zur Übung das erste Mal schriftlich.

Erklären Sie in scharfen Worten Ihre Unzufriedenheit darüber, wie über das Thema bisher gesprochen wurde, und fügen Sie Beispiele ein. Lassen Sie in dieser Arbeit jeweils einen weniger wichtigen und einen bedeutsamen Satz einander abwechseln, so daß Sie durch leises und lautes Sprechen dynamische Veränderung in Ihre Rede bringen.

Hervorhebungen

Es wird Ihnen helfen, wenn Sie mit einem Filzschreiber oder Textmarker die Textstellen in Ihrer ausgearbeiteten Übung kennzeichnen, die Sie sprachlich hervorheben möchten.

Anschließend halten Sie die Überzeugungsrede vor Ihrem Partner oder Ihrer Gruppe. Nach der kritischen Stellungnahme der Partner erfolgt wie immer ein Rollenwechsel, nun sind Sie aufmerksamer Zuhörer.

Erst jetzt orientieren Sie sich bitte an dem abgedruckten Lösungsbeispiel. Die hier dargestellte Rede lehnt sich inhaltlich an die im Deutschen Bundestag gemachten Äußerungen anläßlich der Fragestunde vom 24. Juni 1982 an. Auf das Thema ›Käfighühner‹ und die betreffende Fragestunde wird in Kapitel 13 erneut eingegangen.

Platzbedarf bei Käfighühnern

»Meine Damen und Herren, mein Vorredner hat bereits versucht, Sie von der Notwendigkeit zu überzeugen, daß die zugestandene Platzerhöhung von zehn Prozent für ein Huhn völlig unzureichend ist. Er hat vorgeschlagen, daß die Fläche nicht nur auf 550, sondern auf 700 cm^2 erhöht werden soll.

Aber, meine Damen und Herren, ich glaube, es muß einmal deutlich ausgesprochen werden – und das ist heute völlig unter den Tisch gefallen –, daß es sich bei dieser Debatte nicht um Sachen, sondern um Lebewesen handelt.

»Ja, so ist es, Lebewesen! Die Vorrangigkeit und Dringlichkeit einer Erhöhung nicht nur um zehn Prozent ist mit keiner Silbe und in keiner Weise zum Ausdruck gekommen.

Machen Sie sich die Mühe, meine sehr verehrten

Damen und Herren, und stellen Sie einmal Ihren eigenen Wohnungsanspruch dem Platzangebot der Käfighühner gegenüber. Das Huhn hat bei 550 cm^2 noch nicht so viel Raum, daß es sich umdrehen, geschweige denn mit den Flügeln schlagen kann. Sie sollten sich diese Hühner einmal ansehen. Das sind klägliche Geschöpfe, die von uns ausgenutzt und ausgebeutet werden, damit der Mensch, der homo sapiens, morgens zu einem billigen Frühstücksei kommt. Wenn Sie diese armseligen Kreaturen nicht zu Sachen abstempeln wollen, sondern als Lebwesen akzeptieren – ich meine dies im christlichen Sinne –, dann können Sie sich nicht damit begnügen und es hinnehmen, daß Hühner in Legebatterien 550 cm^2 Lebensfläche erhalten. Deshalb, meine Damen und Herren, appelliere ich in aller Deutlichkeit und mit allem Nachdruck an Ihr Gewissen. Wenn schon diese Geschöpfe ohne freien Auslauf leben müssen, sollten Sie ihnen bei der Abstimmung zumindest 700 cm^2 zubilligen; denn das ist das Minimum, was ein Huhn zum Dasein benötigt!«

Arbeitsanleitung

Wenn Sie den Text des Lösungsvorschlags gelesen haben, versuchen Sie bitte, die folgenden Fragen zu beantworten:

- Wo ist ein roter Faden in der Rede erkennbar, der dem Hörer einsichtig als Gedankenwiederholung auftaucht?
- Wo erscheint eine Parenthese, also ein durch Gedankenstriche eingeschobener Satz, der selbständig ist?
- Wo können Sie Zweiergruppen, d. h. eng zusammengehörenden Wortpaare, entdecken? Beispiele: »das Ineinander und Miteinander«, »in überlegener Gelassenheit und Zielsicherheit«.

Rhetorische Figuren

- Wo findet sich am Ende eines Satzes eine Wortgruppe oder ein einzelnes Wort, das zur »Bekräftigung« am Anfang des nächsten Satzes wiederholt wird? Beispiel: »... so viel bedeutete ihm Freundschaft. Ja, Freundschaft war es ...«.

Eingeleitet werden Bekräftigungen oft durch »ja, so ist es«, »ja, Sie haben richtig verstanden«, »ich wiederhole«.

Kennzeichnen Sie diese Stellen im Text.

Zur Auflösung: In den Zeilen 5, 17, 26 und 30 erscheint der rote Faden; die Zeilen 8/9 und 24/25 weisen Parenthesen auf. Die bekräftigende Wiederholung fällt in Zeile 10/11 auf (»... um Lebewesen handelt. Ja, so ist es, Lebewesen!«). Die Zweiergruppen sind in den Zeilen 11, 20/21, 26 und 28 zu suchen (wie »Vorrangigkeit und Dringlichkeit einer Erhöhung«, »ausgenutzt und ausgebeutet«, »sich nicht damit begnügen und es hinnehmen«.

Nehmen Sie zur Kontrolle Ihre überarbeitete Rede mit einem Tonbandgerät auf.

Überarbeiten Sie die von Ihnen entworfene Rede noch einmal, und fügen Sie dabei als rhetorische Effekte auch Zweiergruppen, eine bekräftigende Wiederholung und eine Parenthese ein. Lassen Sie durch Wiederholung der Hauptgedanken ebenfalls einen roten Faden erkennen, und steigern Sie die Rede, wenn Sie sich dem Schluß nähern. Setzen Sie dabei die leise und laut gesprochenen Passagen in Ihrem mündlichen Vortrag deutlich voneinander ab.

Jetzt wird Ihr Partner zum Thema ›Platzbedarf bei Käfighühnern‹ sprechen und sich das Ziel setzen, seine Gedanken durch stimmliche Dynamik zu verstärken.

Erweiterung des Sprachschatzes

›Sprache wird in der frühen Kindheit gebildet‹ – dieser Satz läßt viele Lernwillige resignieren.

Ob die Sprache in der Kindheit entwickelt oder vernachlässigt wurde, spürt erst der Erwachsene, der diesen Reichtum in Händen trägt oder ihn vermissen muß. Doch auch Erwachsene können ihren aktiven Sprachschatz erweitern. Darunter versteht man einen Sprachbesitz, der nicht nur beim Hören oder Lesen verstanden, sondern auch beim Sprechen angewendet wird. Man darf allerdings nicht erwarten, daß ein Erwachsener die Gesamtentwicklung seiner Sprache in wenigen Wochen nachholen kann, für die ein Kind viele Jahre benötigt. Das muß fehlschlagen.

Den Sprachschatz anwenden zu können, ist für einen Redner von ›primärer‹ Bedeutung, wie man sagt. Sofort taucht die Frage auf, was über diese Grundlage hinaus für den Redner ›sekundär‹, also zweitrangig, ist. Diese beiden Wörter sollen jetzt als Beispiel dienen, um die verschiedenen Stufen zu behandeln, die zur Erweiterung des aktiven Sprachschatzes führen.

Nutzen Sie die Zeit, um bei mechanischen Arbeiten zu Hause interessante und weiterbildende Sendungen im Radio zu hören, so zum Beispiel Besprechungen, Kommentare, Dialoge, Debatten aus dem Bundestag.

Das Entdecken

● Notieren Sie sich Wendungen oder einzelne Wörter, die Sie erlernen möchten, in einem Heft.

Die Wiedergabe

Erfassen Sie auch den Inhalt, und erzählen Sie bei nächster Gelegenheit Ihrem Partner oder einer anderen Person, was Sie Interessantes gehört haben.

● Verwenden Sie die Ausdrücke, die Sie neu in Ihren aktiven Sprachschatz aufnehmen wollen.

Beispiel

Ein Beispiel aus dem Erfahrungsbereich der Autorin soll diese ersten beiden Schritte erläutern helfen.

Zu einem Rhetorik-Lehrgang, der sich zum größten Teil aus Jugendlichen, Hausfrauen und Berufstätigen zusammensetzte, hatte sich ein Arzt eingeschrieben, der sich von den übrigen Kursteilnehmern durch sein Wissen und seine Lebenserfahrung abhob. Gefragt, ob er nicht in eine andere Gruppe überwechseln wolle, antwortete er, er komme sehr gut zurecht, denn die Zusammensetzung der Gruppe sei für ihn nicht primär, und er habe die Absicht, in dieser Gemeinschaft bis zur letzten Veranstaltung zu bleiben.

Das Wort ›primär‹ fiel in seiner Antwort auf und ließ sich durch nichts in seiner Wirkung einschränken. Dieser Mensch machte sich Gedanken darüber, was im Leben primär und was sekundär sei. Das Gespräch gab ich anderen Kontaktpersonen weiter. Die Wörter ›primär‹ und als Ergänzung ›sekundär‹ wurden dabei angewandt.

Anwendung

Nehmen Sie diese Begebenheit als Grundlage für ein Gespräch mit einem beliebigen Partner. Dabei verwenden Sie die Wörter, die Sie aktiv erlernen möchten. An unserem Beispiel erklärt, hieße das:

»Ich habe mir schon oft Gedanken darüber gemacht, was im Leben vorrangig oder sogar primär ist. Viele Menschen glauben, materieller Besitz sei primär. Bist Du gleicher Meinung, oder was siehst Du in Deinem Leben als primär und für Dich maßgebend an?«

Stellen Sie und Ihr Partner sich gegenseitig Fragen.

Erweitern Sie Ihren Wortschatz nicht nur durch Fremdwörter, sondern vor allem auch durch Wörter Ihrer Muttersprache.

Verwenden Sie dabei die Wörter ›primär‹ und ›sekundär‹, so daß Sie an diesen beiden Wörtern üben, wie Sie Ihren passiven Wortschatz in einen aktiven verwandeln können. Sie werden selbst feststellen, wie leicht es ist, wach zuhören zu können, Wörter zu übernehmen, und anzuwenden.

Legen Sie sich eine Kartei für Ihnen unbekannte Wörter an. Schreiben Sie das jeweilige Wort auf ein neues Kärtchen, dazu einen Beispielsatz und die Erklärung auf die Rückseite.

- Alle Wörter, die Sie noch nicht gut kennen, ordnen Sie vorn ein. So rücken die Karten mit den bekannten Wörtern immer weiter nach hinten.

Lernerfolg

Die Lernziele von Kapitel 7

In Kapitel 7 haben Sie gelernt,

- den Inhalt eines schwer erfaßbaren Textes meditierend aufzunehmen und dadurch zu verstehen.
- über die Meditation allgemein erlebbare und nachvollziehbare Situationen, die durch Spannungspausen verdeutlicht werden, zu verarbeiten.
- Ihre eigene rednerische Darstellung durch Dynamik sprachlich zu differenzieren.
- sich durch betontes Sprechen der Endsilben gegenüber dem Hörer akustisch durchzusetzen.
- eine vorbereitete Rede aus dem Stegreif zu verändern, wenn die Notwendigkeit dazu vorhanden ist.
- einen engen Bezug zum Beitrag des Vorredners herzustellen.
- die Inhalte Ihrer Rede durch persönliches Engagement zu verstärken.
- phrasenhafte Sätze aus Ihrem Repertoire zu streichen.
- aus sich herauszugehen, um dynamisches Sprechen anwenden zu können.
- durch Gedankenwiederholung einen ›roten Faden‹ zu entwickeln und ihn immer wieder aufzunehmen.
- Parenthesen zu erkennen und sie anzuwenden.
- Ihnen bisher unbekannte Fremdwörter dann zu verwenden, wenn sie in ihrer Aussage genauer sind als eine mögliche Umschreibung.
- Ihren aktiven Sprachschatz zu erweitern, um in der freien Rede bestehen zu können.

Was
werde ich
über den Vortrag selbst noch mehr sagen?
Er muß durch die Bewegung des Körpers,
durch Mienen- und Gebärdenspiel,
durch Ausdruck und Abwechslung
der Stimme das rechte Maß erhalten.

Cicero: De oratore

KAPITEL 8

Der Ausdruck in Sprache und Bewegung

Bewegungen und Sprache in Einklang zu bringen, bedeutet heute für den Redner eine ebenso große Schwierigkeit wie vor rund 2000 Jahren, als Cicero sein berühmtes Buch »De oratore« (Über den Redner) verfaßt hat. Wahrscheinlich sind die Schwierigkeiten sogar gewachsen, denn durch Zivilisation und Technik hat der moderne Mensch viel von der Natürlichkeit der Bewegungen verloren.

Die körperlichen Tätigkeiten sind heute zusammengeschrumpft auf kleinste Einheiten.

Zweifelsohne ist die Technik im Leben des Menschen notwendig; sie läßt aber seine Arbeit ärmer und einseitiger an Bewegungen werden.

Durch Knopfdruck werden Maschinen in Gang gesetzt. Das Fernsehen hat ein übriges geleistet: Man entwickelt sich vor dem Bildschirm zum bloßen Betrachter von Bewegungen und hält sich für sportlich, wenn man bei den Sportsendungen nur zuschaut.

Wenn der moderne Zivilisationsmensch seinen ungeübten Körper in Bewegung setzt, ist es oft erschreckend anzusehen.

Bewegungsharmonie

Bewegung muß geübt werden, wenn sie vollkommen sein soll. Südländische Völker wachsen natürlicher auf; hier erleben die Kinder musikalische Rhythmen in einem Alter, in dem sie spielend auch Bewegungsharmonie erlernen. Das Tanzen der Südländer ist ein beeindruckendes Fest, bei dem drei oder vier Generationen einbezogen werden, und schon von weitem sind die mitreißenden Rhythmen zu hören. Wer aber nicht mehr am Tanz teilnehmen will, gliedert sich in der Hocke um die Tanzenden und klatscht den Takt. Wenn die Musik ein neues Stück anspielt, erhebt sich einer der Älteren und beginnt zu klatschen, aber dies in einer Weise, daß der ganze Mensch mitschwingt.

Damit Sie erfahren, wie die Gestik den ganzen Körper einschließen kann, sollen Sie nun das rhythmische In-die-Hände-Klatschen üben, denn nur, wenn der gesamte Bewegungsablauf flüssig ist, wird auch die Gestik, die Sie anschließend erlernen sollen, frei sein und Sie wirksam beim Reden unterstützen.

Bewegung bei Musik

Vielleicht besitzen Sie eine Schallplatte oder Kassette mit Volksmusik, die Sie zur Begleitung im Takt anregt. Die Art dieser Volksmusik sollte tänzerisch und mitreißend sein, damit Sie in den entsprechenden lebhaften Rhythmus kommen.

Variation 1

Klatschen Sie zur Musik den Takt, entweder allein für sich, zusammen mit Ihrem Partner oder in der Gruppe. Klatschen Sie wie die Naturvölker: mit entspanntem Körper und lockeren Armen. Diese Lockerheit zu erreichen, ohne angespannt zu wirken, ist nicht ganz einfach.

Die Oberarme dürfen nicht am Körper anliegen. Stellen Sie sich vor, Sie gehen jemandem entgegen und wollen ihm zur Begrüßung die Hände entgegenstrecken. Etwa so weit entfernt sollten die Hände beim Klatschen vom Körper sein. Federn Sie in den Ellenbogen- und Handgelenken locker mit.

Versuchen Sie, einen kräftigen, vollen Ton zu erzielen, indem beide Handinnenflächen ineinanderschlagen.

Variation 2

Leise, aber scharf und präzise soll beim zweiten Mal der Ton des Klatschens sein. Dies wird dadurch erzielt, daß die Fingerspitzen der einen Hand in die Innenfläche der anderen Hand schlagen. Wieder schwingt, weit nach vorn gestreckt, der ganze Arm mit. Beide Oberarme dürfen nicht anliegen, auch der übrige Körper soll locker sein.

Variation 3

Damit Sie völlig frei mit Ihren Armen umgehen können, versuchen Sie bitte, ohne Musik die soeben erlernten Techniken des lauten und leisen Klatschens miteinander zu verbinden.

Dazu beschreiben Sie mit den Armen einen Kreis, der von unten nach oben wandert. Beginnen Sie etwa in Nabelhöhe, mit den Fingerspitzen zu klatschen, aber wiederum weit vom Körper entfernt. Während der ganzen Übung wird ununterbrochen geklatscht, nach oben hin lauter werdend (also Handinnenflächen), nach unten hin leiser werdend (also Fingerspitzen). Beim lauten Klatschen sollen die Hände hoch über dem Kopf schwingen.

Variation 4

Wenn Sie dies gut beherrschen, soll nun als Endziel der ganze Körper die Bewegung ausführen.

Sie vollführen vermutlich die Bewegung im Uhrzeigersinn. Verlagern Sie daher, von der Grundstellung ausgehend, das Körpergewicht auf das linke Bein. Die Gewichtsverlagerung soll so weit gehen, daß jetzt der rechte Fuß nur noch mit der Spitze den Boden berührt.

Wie Sie aus der Abbildung erkennen können, geht es wieder zurück in die Ausgangsstellung, von dort verlagern Sie Ihr Gewicht auf das rechte Bein und zurück zur Grundstellung. Das wiederholen Sie mehrmals, vergessen Sie das Klatschen nicht.

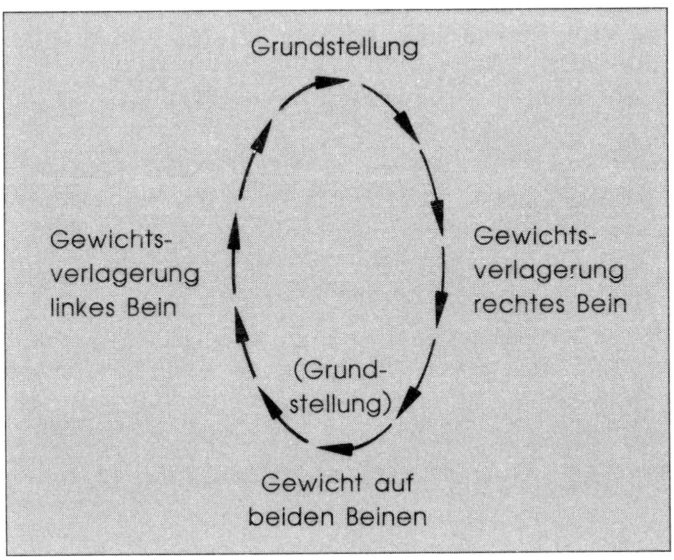

Die Körpersprache

Wenn Sie nach diesen Übungen das Gefühl haben, daß Ihr Körper aktiv, aber entspannt gewesen ist, wird er jetzt für die Ausführung der Gestik bereit sein. Als erste Übung sollen dafür einfache Tätigkeiten mit Worten beschrieben werden. Dabei werden die wichtigsten Stellen zum besseren Verständnis oder zur Erhöhung der Einprägsamkeit durch Körpersprache verdeutlicht. Niemals darf aber Gestik das fehlende oder dem Redner entfallene Wort ersetzen. Gestik soll auch nicht einfach nur ergänzen.

Gestik steht als Mittler zwischen dem Gedanken, dem ausgesprochenen Wort und dem Zuhörer.

Inneres Erleben und geistiges Verarbeiten müssen vorausgegangen sein, wenn der Redner die Körpersprache treffend und gezielt einsetzen will. Damit Gestik im entscheidenden Moment ankommt, müssen die Hände zwischendurch in die entspannte Ausgangslage zurückgeführt werden (siehe Kapitel 1). Die Hände sollen sich also immer wieder gelockert neben dem Körper befinden, auch wenn es dem verspannten Anfänger schwerfällt.

Themen

Reifenwechsel am Auto
Das Flicken eines Fahrradschlauches
Das Anzünden eines Ofens
Zeit sparen beim Fensterputzen
Das Tischdecken für ein Fest
Backen für einen Geburtstag
Das Anrichten eines Salates
Wie ich ein Baby versorge

Unter den angeführten Themen wählen Sie sich eine Tätigkeit aus, die Sie mit Worten beschreiben und gleichzeitig durch Gestik verdeutlichen. Diese Übung darf jedoch nicht mit einer Pantomime, die als stummer Körperausdruck stattfindet, verwechselt werden. Welcher dieser Inhalte spricht Sie am ehesten an?

Formulieren Sie zu diesen Themen den Einleitungssatz vorher schriftlich und bringen Sie durch die Verwendung eines Beispiels Spannung in die Ihnen bekannte Situation. Das gesprochene Wort soll im Vortrag durch die Gestik nicht ersetzt, sondern von ihr begleitet werden. Ihr Partner notiert, was ihm zu Ihrer Gestik auffällt.

Beobachtung der Gestik

Vielleicht war Ihre Gestik durch die vorausgegangenen rhythmischen Übungen bereits so ausgeglichen, daß Ihr Partner nur Positives gefunden hat. Trotzdem seien hier allgemein zwei Anhaltspunkte für die Durchführung von Gestik genannt.

● Gestik ist richtig, wenn die Bewegungen zur Verdeutlichung des gesprochenen Wortes dienen, sie können je nach Inhalt des Vortrags ruhig, lebendig oder sogar heftig sein.

Gestik ist falsch, wenn sie aus Verlegenheitsbewegungen besteht, die Unsicherheit erkennen lassen, oder wenn sie das Wort ersetzt und während der Sprechpausen erfolgt. Am Verlegenheitsbewegungen ist der Anfänger zu erkennen: Gestik und Sprache sind bei ihm nicht harmonisch miteinander verbunden.

Übung zur Gestik

Um zu erreichen, daß Ihr Vortrag wirklich frei von Verlegenheitsgestik ist, erzählen Sie zusätzlich eine kleine Geschichte, bei der Sie drei Stichworte verwenden:

Reifenpanne / schlechtes Wetter / in der Nacht.

Sicher können Sie sich in die damit angedeutete Situation versetzen, denn nur so ist eine lebendige Schilderung möglich. Denken Sie sich dazu eine spannede Einleitung aus. Beginnen Sie nach Ihrer Vorbereitung sogleich mit dem Vortragen; dabei wenden Sie sich den fiktiven Zuhörern oder dem vorhandenen Partner zu.

Tauschen Sie jetzt mit Ihrem Partner die Rollen und lassen Sie auch ihn eine Handlung durch beschreibende Gestik erläutern. Vielleicht weiß Ihr Partner bei dem Thema ›Reifenpanne‹ eine gelungene Variante zu erzählen? Beobachten Sie dabei, ob der Vortrag Ihres Partners frei von unkontrollierten, unnötigen Bewegungen ist.

Einsatz der Gestik

Möchten Sie, daß in Ihrer Rede Sprache und körperliche Ausdruckskraft ganz übereinstimmen? An dem Märchen ›Die Sterntaler‹ werden Sie verstehen lernen, daß Gestik individuell eingesetzt werden muß.

Wie bei allen Übungen zur Gestik sollen Sie als Redner nicht in ein bestimmtes Schema gepreßt werden, sondern frei zu Ihrer eigenen Vortragsweise finden.

Sie kennen das Märchen vielleicht noch aus Ihrer Kindheit.

Begegnet man hier nicht einem Stoff, der aufgeklärte Menschen nichts mehr angeht?

Es ist von einem Kind die Rede, das sein letztes Hemd verschenkt. Zur Belohnung für seine gute Tat fällt ihm ein neues, viel schöneres Hemd zu. Dazu regnen so viele Goldtaler vom Himmel, daß es für sein Lebtag reich wird. Lächelt darüber nicht jeder Verstandesmensch? Wer wäre schon bereit, seinen gesamten Besitz hinzugeben und auf ein Wunder des Himmels zu warten?

Aufgaben zum Text

Lassen Sie sich durch die äußeren Gegebenheiten nicht den Blick auf den tieferen Inhalt des Märchens verstellen. Betrachten Sie den Text kritisch und versuchen Sie, über den Wert gerade dieses Märchens zu entscheiden. Ist die sittliche Botschaft dieses Märchens überliefernswert, oder darf der Inhalt in der modernen Welt verlorengehen?

Sterntaler

Es war einmal ein kleines Mädchen, dem waren Vater und Mutter gestorben. Und es war so arm, daß es kein Kämmerchen mehr hatte, darin zu wohnen, und kein Bettchen, darin zu schlafen, und endlich gar nichts mehr als die Kleider auf dem Leib und ein Stückchen Brot in der Hand, das ihm ein mitleidiges Herz geschenkt hatte. Es war aber gut und fromm. Und weil es so von aller Welt verlassen war, ging es hinaus ins Feld und dachte: »Der liebe Gott wird mir schon helfen.«

Da begegnete ihm ein armer Mann, der sprach: »Ach, gib mir etwas zu essen, ich bin so hungrig.« Das Mädchen reichte ihm das ganze Stückchen Brot und sagte: »Gott segne dir's!« und ging weiter. Da kam ein Mädchen, das jammerte und sprach: »Es friert mich so an meinem Kopfe; schenk mir etwas, womit ich ihn bedecken kann!« Da tat das Mädchen seine Mütze ab und gab sie ihm.

Und als es noch eine Weile gegangen war, kam wieder ein Kind, das hatte kein Leibchen an und fror. Da gab es ihm seins und ging weiter. Da kam noch ein Kind und bat um ein Röcklein. Da gab es auch sein Röcklein hin.

Endlich gelangte es in einen Wald, und es war schon dunkel geworden. Da kam noch ein Kind und bat um ein Hemdlein. Und das fromme Mädchen dachte: »Es ist dunkle Nacht, da sieht dich niemand, du kannst wohl dein Hemd weggeben.« Und es zog das Hemd aus und gab es auch noch hin.

Und wie es so stand und gar nichts mehr hatte, fielen auf einmal die Sterne vom Himmel, und es waren lauter harte, blanke Taler. Und ob es gleich sein Hemdlein weggegeben, so hatte es ein neues an, und das war vom allerfeinsten Linnen. Da sammelte es die Taler hinein und war reich für sein Lebtag.

Erläuterung

Früher nahmen die Menschen die bildhafte Sprache, die in diesem alten Märchen vorherrscht, ganz selbstverständlich auf. Heute wird ein bildhafter Text oft nur vordergründig erfaßt. Der Text wird wörtlich genommen und damit mißverstanden, denn man ist es nicht mehr gewohnt, die Bildersprache zu entschlüsseln.

Vergegenwärtigen Sie sich jedoch: die Sprache im Märchen hat die Absicht, bildhaft zu malen. Sie benötigt zu dieser Verwirklichung Gegenstände wie ›Brot, Mütze, Röcklein, Hemdlein‹; gemeint sind aber die abstrakten Begriffe ›Liebe, Freude, Glück, Verständnis‹, denn das Mädchen hat alles, was es weiterschenkt, also ›die Kleider auf dem Leib und ein Stückchen Brot in der Hand‹ durch die Liebe anderer Menschen erhalten und gibt nun diese Liebe weiter.

Wenn als Sinn der Bildersprache das Weitergeben von Werten erkannt wird, dann zeigt sich dem Leser der Text des Sterntaler-Märchens plötzlich von einer anderen Seite; und erst jetzt wird eine eigene Interpretation durch Sprache und Gestik möglich.

Nachdem sich Ihnen die Aktualität des Themas offen gezeigt hat, werden Sie sich gewiß auch mit dem Inhalt identifizieren können; dies aber ist Voraussetzung für die Darstellung durch Sprache und Gestik in Ihrem Vortrag.

Übung

Die folgende Übung wird Sie mit falsch oder richtig angewandter Gestik vertraut machen. Dazu gestaltet jeder den Text des Sterntaler-Märchens gänzlich frei.

Bei dieser Übung sollten Sie sich zunächst nicht an der folgenden Lösung orientieren, sondern Ihre eigene Darstellung finden, damit Sie auch später frei arbeiten und formulieren können.

Unterstreichen Sie im Sterntaler-Text die Stellen, die sich Ihrer Meinung nach für Gestik, also Bewegungen der Hände und Arme, besonders gut eignen.

Jeder wird sicher andere Stellen finden, die ihm wichtig erscheinen; der eine hat wenig zu unterstreichen, der andere mehr. Seien Sie deshalb nicht beunruhigt, wenn Ihr Partner oder Nachbar in der Gruppe andere Markierungen vornimmt als Sie. (Die Zeilenangaben auf den folgenden Seiten beziehen sich auf den Märchentext.)

Lösungsmöglichkeit

Überlegen Sie, wie Sie diese Bewegungen darstellen wollen, und machen Sie dazu Notizen und eventuell Skizzen. Verstehen Sie die im folgenden beschriebene Art der Gestik nur als Beispiel. Sie sind völlig frei in der von Ihnen gewählten Bewegung.

- Alle Bewegungen werden wie die Sprache des Erzählers ausgeführt. Die Bewegungen passen sich dem Erzählton an.

ZEILE 1
kleines Mädchen

Beide Arme hängen zunächst herab. Der recht Arm deutet in langsamer und ruhiger Bewegung die Größe des Kindes an. Die Hand geht danach ebenso ruhig wieder in die Ausgangsstellung zurück.

ZEILE 2
so arm

Aus der Ruhelage werden beide Arme nach vorn geführt. Die nach oben geöffneten leeren Handflächen bezeugen die Armut des Mädchens.

ZEILE 4
Kleider auf dem Leib

Beide Hände gleiten etwa in Brusthöhe beginnend abwärts, bis sie wieder locker herabhängen.

ZEILE 5
ein Stückchen Brot in der Hand

Die etwas geschlossene rechte Hand deutet durch eine sanfte Vorwärtsbewegung das Stückchen Brot an.

ZEILE 8
hinaus ins Feld

Der rechte Unterarm wird nach vorn rechts geführt. Dabei muß der ganze Arm gestreckt werden, um die Weite des Feldes zu kennzeichnen.

ZEILE 12
reichte ihm das ganze Stückchen Brot

Die offene rechte Hand drückt ein Geben und Schenken aus. Die Bewegung kann dabei nicht auf die Hand beschränkt bleiben, sondern der ganze Körper ist an der Gestik zu beteiligen.

ZEILE 15
da tat das Mädchen seine Mütze ab und gab sie ihm

Beide Hände berühren seitlich den Kopf und deuten anschließend in ruhiger Bewegung das Schenken an.

ZEILE 18
das hatte kein Leibchen an

Beide Hände gleiten locker seitlich am Körper hinab. Die Bewegung beginnt etwa in Schulterhöhe.

ZEILE 25
und gab es auch noch hin

Fließende Bewegung des Reichens und Beschenkens.

ZEILE 27
fielen auf einmal die Sterne vom Himmel

Höhepunkt der Geschichte, es wird die letzte, aber ausdrucksvollste Bewegung. Eine Spannungspause ist zwischen ›hatte‹ und ›fielen‹ einzulegen, so daß in dieser Zeit beide Arme sehr ruhig zu einer weiten Bewegung nach oben ausholen. Arme und Hände sind dabei völlig gestreckt und gleiten danach in ihre Ausgangsstellung zurück.

Diese letzte Bewegung fällt dem Anfänger erfahrungsgemäß schwer und verlangt viel Überwindung. Seine Hemmung spiegelt sich wider in der Anwinkelung der Unterarme sowie dem Anpressen der Oberarme und der scheinbaren Unfähigkeit, einen oder sogar beide Arme nach oben auszustrecken.

Vorausgesetzt, daß auch Sie diese Stelle als Höhepunkt empfinden, gilt für das Verständnis folgendes: Wie sparsam oder reichhaltig Sie auch mit der Gestik – entsprechend Ihrer individuellen Gestaltungskraft – bisher umgegangen sein mögen, hier am Höhepunkt der Geschichte ist ihre betonte, aber nicht übertriebene Anwendung unerläßlich.

Das Vermeiden von Übertreibungen

In dem Text gibt es aber auch Stellen, die für Gestik ungeeignet sind. Falsche Bewegungen würden hier lächerlich wirken. Suchen Sie dazu Beispiele aus dem Märchentext und begründen Sie Ihre Meinung.

Markieren Sie – vielleicht mit rotem Stift – die Stellen im Text, die sich nicht für Bewegungen der Hände oder Arme eignen und daher unbetont bleiben sollen.

Falsche Gestik

Manchmal wirkt Gestik übertrieben oder sogar überflüssig. Bei folgenden Textstellen sind falsche Gesten unbedingt zu vermeiden:

ZEILE 6
ein mitleidiges Herz

Die rechte Hand klopft an die linke Brusttasche in der Herzgegend.

ZEILE 6
gut und fromm

Die Hände nehmen eine betende Geste ein.

ZEILE 18
und fror

Die Arme werden über der Brust gekreuzt, und der Körper schüttelt sich fröstelnd.

ZEILE 19
und bat um ein Röcklein

Durch Zupfen an den eigenen Kleidern versucht man, einen Kinderrock darzustellen.

ZEILE 25
es zog das Hemd aus

Die Arme deuten an, daß ein Hemd über den Kopf gezogen wird.

Worte sollen eine Situation direkt beschreiben oder deren Hintergrund konkret ausdrücken. Gestik deutet nur an und vermittelt. Ist das gesprochene Wort real genug, kann es nicht zusätzlich untermalt werden.

- An falscher Stelle eingesetzte Gestik kann eine Aussage zerstören.

Aufgrund früherer Übungen sind Sie in der Beherrschung Ihres Körpers so weit fortgeschritten, daß Sie mit der Wiedergabe des Märchens durch Ihren Vortrag in Sprache und Gestik beginnen können. Damit Sie sich nicht an den geschriebenen Text klammern, sei die folgende Anleitung vorangestellt:

Sie erzählen das Märchen frei nach. Die Einzelheiten und die Reihenfolge können abgeändert werden, solange der logische Aufbau erhalten bleibt. Sie bestimmen beispielsweise dabei, ob das Mädchen zuerst sein Mützlein verschenkt und danach sein Röcklein oder umgekehrt.

Es bleibt Ihrem Geschmack und künstlerischem Gefühl überlassen, ob Sie alle hervorzuhebenden Stellen tatsächlich durch Gestik bereichern wollen.

Führen Sie alle Bewegungen ruhig und bis zum Ende durch, so wie der Künstler mit dem Pinsel an seinem Werk vorgeht, also ohne plötzlichen Abbruch der zeichnenden Körperbewegung. Ein ruckartiger Abschluß der Ausführung würde Unruhe in das Bild bringen, das Sie malen. Das gilt für diese Situation. Andere, stärker fordernde Texte verlangen vom Redner gegebenenfalls schnellere und härtere Bewegungen, die dem Inhalt angepaßt sind.

Treten Sie jetzt nach vorn und beginnen Sie Ihre Märchenerzählung mit Gestik frei nach Ihrem persönlichen Stil.

- Gestik, die harmonisch verlaufen soll und den ganzen Menschen mitschwingen läßt, benötigt eine lange Zeit der Einübung und Erkenntnis. Überlegen Sie sich, wie viele Jahre ein Schauspieler daran arbeitet.

Welcher Weg ist aber geeignet, uns die Bedeutsamkeit und Notwendigkeit körperhafter Sprache klarzumachen?

Aus der Mentalität der Naturvölker ergibt sich, daß Körpersprache bei ihnen ein Element der Verständigung und des Sozialkontaktes ist. Wir finden eine Einheit vor, die durch harmonische, den ganzen Körper umfassende Bewegungen zum Ausdruck kommt. Der Dichter MAX FRISCH glaubt, uns zu gleichem Verhalten anregen zu können, wenn er voller Staunen von den körperhaften Bewegungen spricht, neiderfüllt aber das meint, was wir bei uns selbst vermissen:

»Die Erwachsenen setzten sich, verschränkten die Beine; einige rauchten Zigarren; neben einigen Damen, die der Farbe nach schon keine Negerinnen mehr waren, als Negerinnen bloß noch erkennbar an der Plastik ihres Gesichtes, an den Zähnen auch, an den unwahrscheinlich schlanken Fesseln, vor allem jedoch an der tierhaften Grazie ihrer Bewegungen – nie bewegt sich die Hand, ohne daß die Bewegung aus dem Arm fließt, und nie dreht sich der Kopf, ohne daß die Bewegung aus dem Rücken aufsteigt, sich ausstrahlt in die Schultern; ob langsam oder geschwind, immer ist es vollkommene Bewegung, unbewußt und ohne Gezappel, ohne Erstarrungen in einem anderen Teil des Körpers, sie fließt oder schnellt oder ruht, immer stimmt sie mit sich selbst überein. –«

Lernerfolg

Die Lernziele von Kapitel 8

- Sie haben gelernt, daß für gestaltende Gestik außer den Händen die Arme wichtig sind und daß der Körper in die Bewegung einbezogen wird.
- Sie können unterscheiden zwischen überflüssigen Bewegungen und sinnvoller Gestik, die vermittelnde Funktion besitzt.
- Sie haben die Fähigkeit, sich von störender Verlegenheitsgestik freizumachen.
- Sie haben erfahren, Gestik individuell und im richtigen Maß einzusetzen.
- Sie können Bewegungen bis zum Ende durchführen.
- Sie haben Bewegung und Sprache in Einklang gebracht.

Es
brauchte Zeit,
bis mir aufging, daß Stirn, Augen, Wimpern,
Brauen, Pupille, Lippe,
Mundwinkel, Kinn, Hinterkopf, Nacken, Arme,
Beine, Handgelenke, Finger,
Rückgrat, Hals, Haaransatz, Leib und Becken
mitspielen müssen, um Verborgenes,
Menschliches so kommunizieren zu können,
wie ich es später zum ersten Mal
bei Chaplin sah…

Fritz Kortner

KAPITEL 9

Mimik, Gestik und Tempo

Jeder Rhetorikschüler möchte Gestik und Mimik – also das Spiel der Gebärden und Mienen – möglichst schnell beherrschen. Natürlich hat man sich ein paar lässige Handbewegungen rasch antrainiert. Aber die haben mit Gestik als Ausdruck des Seelischen wenig zu tun. Mimik und Gestik finden ihren Ursprung im Inneren des Menschen und vermitteln von dort aus zum Gesprächspartner. Sie sollen nicht nur den Vortrag beleben; – es geht um das Vermitteln, nicht um die Show.

Um eine Show ging es auch CHARLIE CHAPLIN nicht; seine Kunst wollte mitteilen. Überwältigt durch die Fülle der Beobachtungen, die FRITZ KORTNER im oben zitierten Text zur Kunst von CHAPLIN macht, übersieht der Leser leicht das Wichtigste, nämlich die ersten Worte zu Beginn:

»Es brauchte Zeit, bis mir aufging...«

Dies sagt ein Mensch, der sich als Schauspieler und Regisseur mit Mimik, Gestik und sprachlichem Ausdruck beruflich besonders intensiv auseinandersetzte.

Diesem Hineinwachsen und langsamen Reifen steht der Laie mit seiner Ungeduld gegenüber. Er, der sein Geldstück in den Automaten einwirft und die Ware ›Gestik‹ herausziehen möchte, wundert sich, daß ihm Gestik und Mimik nicht sofort zur Verfügung stehen.

Da Sie erkannt haben, daß es sich beim Aneignen der Gestik um einen Prozeß handelt, den der Redner durchschreiten muß, werden Sie jetzt sicher gern das Erlernte wiederholen und auf Themen übertragen, mit denen Sie sich identifizieren können.

Wählen Sie unter den Themenvorschlägen ein Beispiel aus, das Sie in der anschließenden Übung mit angewandter Gestik Ihrem Partner vortragen.

Übungsthemen

Mein Garten mit seiner Pflanzenwelt
Die Landschaft, in der ich lebe
Mein schönster Ferienort
Sonnenuntergang am Meer
Sonnenaufgang im Gebirge
Meine Heimat
Mein Tier, mein bester Freund
Ein Herbstspaziergang
Das Frühjahr: Die Natur erwacht
Zugvögel im Herbst

Vortrag mit begleitender Gestik

Bereits am Märchen ›Die Sterntaler‹ zeigte sich, daß die Art der Gestik vom Thema und von der Person des Vortragenden abhängt.

Dabei ist auch das Tempo der Bewegungen variabel. Nehmen Sie als Beispiel das Thema ›Mein Zimmer, meine Umgebung‹: bei leuchtenden Farben und einer lebhaften Ausstattung werden Sie sicher mit schnellen, belebenden Bewegungen vortragen, während Sie im Gegensatz dazu bei einem eher ruhigen Zimmer mit matten und dunklen Farben auch Ihre Bewegungen dämpfen werden.

Naturschilderung

Vielleicht haben Sie sich als Stadtmensch schon zu weit von Naturerlebnissen entfernt? Trotzdem sollten Sie eines der vorgeschlagenen ›Natur-Themen‹ aufgreifen und eine liebevolle Schilderung abgeben. Lassen Sie hierbei Ihr Gefühl sprechen, und schildern Sie möglichst lebendig und farbig.

Treten Sie jetzt nach vorn und veranschaulichen Sie Ihr Thema durch Sprache, Mimik und Gestik. Achten Sie besonders darauf, daß Ihre Arme ganz frei sind und die Ellenbogen nicht ängstlich an den Körper gepreßt werden.

Nach der Besprechung Ihrer Leistung kann der Rollenwechsel erfolgen. Danach bietet sich die Möglichkeit zur Wiederholung an, sinnvollerweise aber mit einem anderen Thema.

Das Sprechtempo

Nach dieser Naturschilderung wird Ihnen die Betrachtung der beiden folgenden Gedichte von Goethe eine zusätzliche Bereicherung sein.

Für die freie Rede sollen Sie daraus lernen, wie Sie Sprechtempo variieren können, um jederzeit spannungsreich vorzutragen. Den dynamischen Wechsel von der kräftigen bis zu einer zurückgenommenen Stimme beherrschen Sie bereits, jetzt kommt die Veränderung im Sprechtempo hinzu.

langsames Tempo: ADAGIO, LARGO
mittleres Tempo: ANDANTE
schnelles Tempo: ALLEGRO, PRESTO

Lesen Sie die beiden Texte in Muße durch und suchen Sie für jedes dieser GOETHE-Gedichte eine Tempobezeichnung, wie sie in der Musik gebräuchlich ist.

Meeresstille

Tiefe Stille herrscht im Wasser,
Ohne Regung ruht das Meer,
Und bekümmert sieht der Schiffer
Glatte Fläche rings umher.
Keine Luft von keiner Seite!
Todesstille fürchterlich!
In der ungeheuren Weite
Reget keine Welle sich.

Glückliche Fahrt

Die Nebel zerreißen,
Der Himmel ist helle,
Und Äolus löset
Das ängstliche Band.
Es säuseln die Winde,
Es rührt sich der Schiffer.
Geschwinde! Geschwinde!
Es teilt sich die Welle,
Es naht sich die Ferne;
Schon seh' ich das Land!

Erst nach eigener Lösung der Aufgabe des Tempoverfassens sollten Sie weiterarbeiten. Schauen Sie also noch nicht in den folgenden Text, bevor Sie selbst das Tempo zugeordnet haben.

Sie haben für das Gedicht ›Meeresstille‹ sich ein langsames Tempo vorgegeben, so daß Sie auch beim Vortrag diese Ruhe aufnehmen.

Versetzen Sie sich in die Person des Schiffers: Er ist auf dem Meer von einer beängstigenden Weite und Stille umgeben. In weitem Umkreis erscheint er als das einzige lebende Geschöpf, er ist trotz seines Menschseins nicht zum Handeln fähig, da er sich der übermächtigen Natur ausgeliefert sieht.

Stellen Sie sich bildhaft die Reglosigkeit des Wassers vor. Jegliches Auf und Ab der Stimme, das mit den Wellenbewegungen gleichgesetzt werden könnte, wäre hier fehl am Platz. Dagegen kommt es dem Inhalt nahe, wenn in den einzelnen Zeilen in Ebenen gearbeitet wird, und zwar Zeile für Zeile wechselnd in der Tonhöhe. Um der Weite des Meeres Ausdruck zu verleihen, werden die Zeilen 3 bis 4 und 7 bis 8 übergreifend im Ganzen gelesen.

Abheben des Besonderen

Trotz dieser Ebenen wird man aber vergeblich nach einem Gedichthöhepunkt suchen, auf den alles zusteuert. Wenn man die Zeile 6 betrachtet, sticht allein sie in ihrer Knappheit heraus. Man kann an dieser Stelle eher von einem Tiefpunkt reden, da der Dichter durch starke Raffung nur zwei Worte für sich allein sprechen läßt: »Todesstille fürchterlich!« Dieses ausdrucksstarke Element ist nicht durch Hinzufügen erzielt worden, sondern durch Wegnehmen.

Übertragen auf die freie Rede, heißt dies:

- Gedanken, die Sie betonen wollen, können in bestimmten Situationen dadurch gewinnen, daß Sie diese Stelle in der Dynamik steigern, also lauter werden.
- Ein Motiv wird aber auch besonders einprägsam, wenn Sie die Dynamik plötzlich zurücknehmen und mit verhaltener Stimme sprechen. Erfolg hat diese Technik aber nur, wenn Sie davor und danach genügend Stimmkraft aufweisen, um das ins Leise zurückgenommene Motiv hervorzuheben.

Das gesprochene Wort ist hier einem Bild vergleichbar, das in einen Rahmen gesetzt wird. Beides hebt sich voneinander ab, erst der Rahmen ergibt die Wirkung des Bildes. Am Tiefpunkt in Zeile 6 erkennen Sie zweierlei, das Wegnehmen der Dynamik und das Absinken der Stimmlage.

Dies setzt voraus, daß die beiden umrahmenden Zeilen bewußt auf einer höheren Stimmlage gesprochen werden. Schematisch dargestellt, würde diese Technik für den Vortrag des Gedichtes so aussehen:

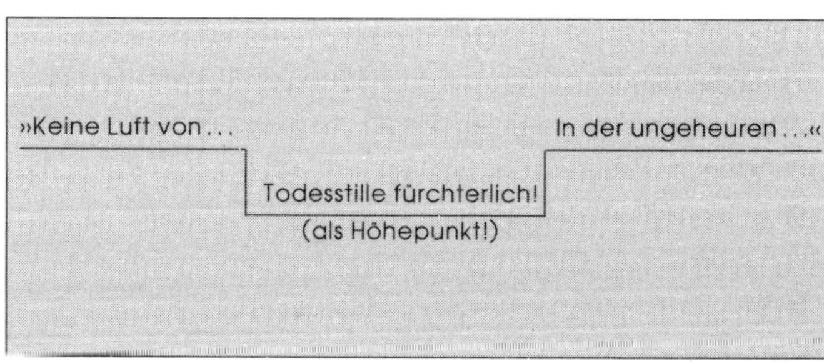

Sie tragen jetzt das Gedicht ›Meeresstille‹ vor. Lassen Sie ganz und gar Ruhe in sich einkehren, damit Sie das langsame Tempo aufgreifen können. Dieses ruhige Sprechen, das Sie hier üben sollen, bedeutet für viele Menschen eine gewaltige Schwierigkeit. Sie werden von den Anforderungen, die täglich auf sie einströmen, so sehr gefangengenommen, daß sie die Unrast zu einem Bestandteil ihrer Person machen.

Das Ruhe-Finden ist eine grundsätzliche Voraussetzung für jeden Redner.

Hilfestellung

Falls Sie nicht zu sich selbst finden können, sollten Sie zunächst einen anderen Weg einschlagen. Sie nehmen ein paar Wasserfarben, die auf dem Blatt sogar ineinanderlaufen dürfen, und malen mit dunklen Farben und flächenhaft das glatte, unendlich wirkende Meer mit dem nur verschwommen erkennbaren Kahn oder Schiff; darüber den Himmel, den dunklen Farben angepaßt – keine Wellenbewegung oder Unruhe im Bild!

Das gleiche gilt, wenn Sie dann das Gedicht sprechen: keine Wellenbewegung in der Stimme, nur Ebenen in verschiedener Tonhöhe und ein Absinken der Stimme in den Tiefpunkt hinein. Erst wenn Sie das Gedicht mit innerer Teilnahme und Überzeugungskraft gesprochen haben, sollten Sie zum nächsten Punkt der Übung gehen.

Haben Sie langsam genug gesprochen? Wenn nein, erproben Sie noch einmal Ihre Wandlungsfähigkeit und Ausdruckskraft.

Vergleich

Die beiden Gedichte ›Meeresstille‹ und ›Glückliche Fahrt‹ stehen stets zusammen; zuerst das Gedicht, das an die nahe Todesstille erinnert, darauf folgt das Gedicht, in dem das Erwachen zum Leben ausgedrückt wird. Sicher haben Sie sich im zweiten Text bei der Tempobezeichnung für eine rasche Lesart entschieden. Sie haben damit das Vorwärtsstrebende des Inhalts eindeutig bezeichnet.

Aber Vorsicht: der Sprecher muß alle Aufmerksamkeit darauf richten, daß er bei dem selbstgewählten Tempo mit dem Atem zurechtkommt – ähnlich dem Schiffer, der mit den gewaltigen Windmengen zu tun hat, die der Windgott Äolus aus dem zugebundenen Sack sendet (»Und Äolus löset das ängstliche Band«).

In kürzester Zeit scheint die ungeheure Weite überwunden zu sein. Man glaubt, Schiff und Ufer kämen einander entgegen; denn auch das Land reiht sich mit in die Bewegung ein (»Es naht sich die Ferne«).

Wenn Sie beim Vortragen dieses Gedichtes zu oft atmen müssen, wird die Wellenbewegung unterbrochen. Es bieten sich folglich nur zwei Ruhepunkte an, in denen geatmet werden kann:
einmal am Ende von Zeile 4: »Das ängstliche Band«/
und am Ende von Zeile 9: »Es naht sich die Ferne...«/

Zeichnen Sie die Atempausen jeweils als Schrägstrich in Ihren Text ein; das wird Ihnen später beim Vortrag helfen.

Die zweite Atempause liegt an einer sehr herausgehobenen Stelle, nämlich dort, wo die Schlußzeile zu einem gewaltigen Ritardando (= Langsamerwerden) ansetzt. Es ist die wichtigste Zeile; denn erst an dieser Stelle ist endgültig alles von der Todesstimmung befreit. Das ganze Gedicht steuert in hohem Tempo auf diese erlösende Schlußzeile zu.

Vortrag der Schlußzeile

Sprechen Sie zunächst nur die beiden letzten Zeilen des Gedichtes mit dem Tempoübergang:

(Presto) »...Es naht sich die Ferne;

(Ritardando!) Schon-seh'-ich-das-Land!«

Setzen Sie dazu die Stimmhöhe verhältnismäßig weit oben an – den Punkt müssen Sie selbst einschätzen. Dann gehen Sie mit jedem Wort der Schlußzeile stufenweise in der Stimmhöhe nach unten:

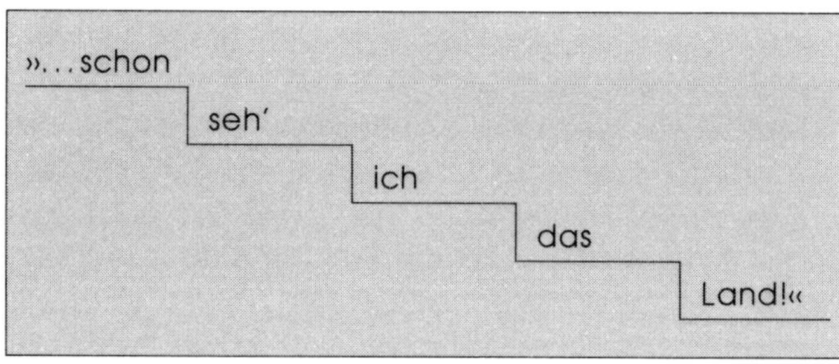

Aber noch wichtiger ist das Langsamerwerden. Trennen Sie jedes Wort durch eine Spannungspause vom folgenden ab. Dies ist ein Punkt, an dem Sie erkennen können, ob Sie genug Ruhe für den Vortrag gefunden haben und in wieweit Sie nicht mehr Zauberlehrling sind, der beherrscht wird, sondern schon Meister, der in eigener Regie seine Rede führt.

Vortrag

Sprechen Sie jetzt das ganze Gedicht »Glückliche Fahrt«, nehmen Sie dabei ein rasches Tempo auf, das Sie aber in der Schlußzeile von Wort zu Wort abbremsen sollten. Wenn Sie zunächst in der Intensität übertreiben, ist das kein Unglück. Wichtig ist, daß Sie aus sich herausgehen. Diese Übung erfordert ein größeres Maß an Fertigkeit und wird einige Male wiederholt.

Wenn Sie Autofahrer sind, wissen Sie, daß es Ihnen während des Anfangs Ihrer Fahrpraxis nicht viel anders erging: Das Abbremsen und Schalten mußte immer wieder geübt werden, bis Sie es schließlich beherrschten. Haben Sie auch jetzt mit sich Geduld und veranschlagen Sie für das Erlernen des Tempowechsels in einem gesprochenen Text genügend Zeit.

Nehmen Sie nun ihren Text zur Hand, und stehen Sie zum Sprechen auf, denn so gelingt Ihnen das Vortragen am besten.

Gestaltung des Inhalts

MARTIN WALSER, ein großer Sprachvirtuose, entschuldigte sich einmal zu Beginn einer Dichterlesung dafür, daß er nicht aus seinem neuesten Buch lese, sondern ein älteres bevorzuge. Er bemerkte schlicht, daß er das neue Stück „noch nicht drauf" habe.

Diese Bemerkung verblüffte natürlich, da es sich um sein eigenes Werk handelte. Aber man verstand ihn dennoch, da es den Zuhörern im Laufe des Abends nicht verborgen blieb, welche harten Anforderungen dieser Künstler an die Sprache und ihre Darstellung knüpft.

Wie MARTIN WALSER nicht nur das Ohr des Zuhörers erreichen will, sondern den Menschen in seinem Innersten, so sollten Sie jetzt beim Vortragen versuchen, den Inhalt der Gedichte als bleibendes Erleben weiterzugeben.

Der geschlossene Vortrag

Ihre Fähigkeit, einen Vortrag darzubieten, wird sich steigern, wenn Sie jetzt beide Gedichte unmittelbar nacheinander sprechen.

Sie haben jetzt mit starken Gegensätzen zu arbeiten, sie vorausschauend abzuwägen und gezielt einzusetzen. Das wird Ihnen ungewohnt vorkommen. Aber diese Technik sollen Sie erlernen, damit Sie später frei reden und variieren können.

Nehmen Sie nun wieder beide Texte zur Hand und treten Sie nach vorn. Die unterschiedlichen Tempi sind Ihnen bereits in Fleisch und Blut übergegangen: sehr langsames Tempo für das erste Gedicht und sehr rasches für das zweite.

Interpretation im Vortrag

Themenvorschlag

In einer Nacht bricht Feuer aus

Ein starker Sturm entsteht

Die Technik der Gestaltung unterschiedlicher Vortragsgeschwindigkeiten wenden Sie nun in der freien Rede an. Wählen Sie dazu eines der nebenstehenden Themen aus.

Schildern Sie umfassend die Ruhe, die vor dem Entstehen des Feuers oder Sturmes waltet: langsames Tempo. Beziehen Sie anschließend in den Teil, der von dem Dramatischen beherrscht wird, das Verhalten der Tiere und Menschen ein: schnelles und hastendes Tempo. Dem Sprechen des Schlusses sollten Sie bei dieser Übung besondere Aufmerksamkeit zuwenden.

Überprüfen Sie Ihre Leistungen mit Hilfe einer Tonbandaufnahme. Ihre Übungen sollten Sie immer mehrmals sprechen, ob Sie nun aufnehmen oder nicht. Wenn die Gegensätze von schnellem und langsamem Tempo nicht klar genug in Erscheinung getreten sind, sprechen Sie das Ganze noch einmal. Heben Sie die Unterschiede dann stärker hervor und beziehen Sie Gestik und Mimik ein, die sich mit dem Partner oder auch mit einem Video-Recorder überprüfen lassen.

Wechseln Sie jetzt die Rollen, damit auch Ihr Partner die Übung auf Band sprechen kann. Verlassen Sie sich jedoch nicht auf die Aufzeichnung, sondern hören Sie sich seinen Vortrag kritisch an, um seine Schilderung unmittelbar mitzuerleben.

Lernerfolg

Die Lernziele von Kapitel 9

Die folgenden Fähigkeiten haben Sie in Kapitel 9 erworben:

- das Variieren des Sprechtempos Ihres Vortrages
- das Sprechen von Höhepunkten und Tiefpunkten
- die Möglichkeit des Sprechens ruhiger Linien
- das Sprechen von Schlußsätzen mit Temporeduzierung bei gleichzeitiger Verringerung der Tonhöhe
- das Beherrschen von Mimik und Gestik
- das Hinwenden zum Partner
- den Einsatz eigener sprachlicher Ausdrucksfähigkeit
- das »Zu-sich-selbst-Finden« des Redners als Grundvoraussetzung zu selbstbewußtem Denken und Sprechen.

*Suche
keine Effekte zu erzielen,
die nicht in deinem Wesen liegen.
Ein Podium ist eine unbarmherzige Sache.*

Kurt Tucholsky

KAPITEL 10

Die Gefahr der Routine

Auf Sie warten nun zwei Texte, die sicher auch von Ihnen als Einheit betrachtet werden. Beim Lesen wird Ihnen auffallen, daß KURT TUCHOLSKY hier jeden Redner und Rednerschüler anspricht und ihm als Rüstzeug eine gelungene Rede mit langem Hauptteil (›Ratschläge für einen schlechten Redner‹) und kurzem Schluß (›...für einen guten Redner‹) liefert. Damit gibt er auch ein ausgezeichnetes Beispiel für die Form einer Rede. Er läßt es darüber hinaus in seinem Hauptteil an Humor nicht fehlen und bietet mit nicht zu übersehender Ironie eine Vielzahl von Beispielen. Er läßt sich bisweilen zu beißendem Sarkasmus hinreißen:

»...Du brauchst auch nach vierzehn Jahren öffentlicher Rednerei noch nicht zu wissen, daß eine Rede nicht nur ein Dialog, sondern ein Orchesterstück ist...«

Das ist ein scharfer Hieb gegen die Berufsredner, die von der Routine nicht wegkommen und es unterlassen, eine Beziehung zum Publikum herzustellen. KURT TUCHOLSKY zeigt, wie Jahre um Jahre vergehen können, ohne daß der Redner kritisch zurückblickt:

- Habe ich Kontakt zum Publikum aufgenommen?
- Was muß ich an mir und meiner Rede ändern?

Jeder Vortragende sollte sich dazu gedanklich in der Gegenwart, gleichzeitig jedoch auch in der Vergangenheit und vorausschauend in der Zukunft wiederfinden:

- Wie habe ich mich bisher verändert?
- Welche andere Wirkung zeigt deshalb mein Vortrag heute?
- Was werde ich für später ändern müssen?

Ähnlich wie die darstellenden Künste und die Musik bewegt sich die Redekunst in einem dreidimensionalen Raum, zusammengesetzt aus Gegenwart, Vergangenheit und Zukunft. Wer dies als Redner nicht beachtet, wird vierzehn Jahre und länger im Laufrad der Routine festsitzen, womit seine Rede ein Monolog bleiben muß. Er überhört KURT TUCHOLSKY:

»... eine stumme Masse spricht nämlich ununterbrochen mit. Und das mußt du hören. Nein, das brauchst du nicht zu hören. Sprich nur, lies nur, donnere nur, geschichtele nur.«

Wenn Sie den Text lesen, werden Sie auf diese Stelle mit dem ›Orchesterstück‹ und den Folgerungen daraus stoßen. Doch zunächst sollten Sie die Textstelle suchen, in der TUCHOLSKY den Gedanken erscheinen läßt, der als Motto über diesem Kapitel steht:

»Suche keine Effekte zu erzielen, die nicht in deinem Wesen liegen.«

Kurt Tucholsky: Ratschläge für einen schlechten Redner

Fang nie mit dem Anfang an, sondern immer drei Meilen vor dem Anfang! Etwa so:

»Meine Damen und meine Herren! Bevor ich zum Thema des heutigen Abends komme, lassen Sie mich Ihnen kurz...«

Hier hast du schon so ziemlich alles, was einen schönen Anfang ausmacht: eine steife Anrede; der Anfang vor dem Anfang; die Ankündigung, daß und was du zu sprechen beabsichtigst, und das Wörtchen kurz. So gewinnst du im Nu die Herzen und die Ohren der Zuhörer.

Denn das hat der Zuhörer gern: daß er deine Rede wie ein schweres Schulpensum aufbekommt; daß du mit dem drohst, was du sagen wirst, sagst und schon gesagt hast. Immer schön umständlich.

Sprich nicht frei – das macht einen so unruhigen Eindruck. Am besten ist es: du liest deine Rede ab. Das ist sicher, zuverlässig, auch freut es jedermann, wenn der lesende Redner nach jedem viertel Satz mißtrauisch hochblickt, ob auch noch alle da sind.

Wenn du gar nicht hören kannst, was man dir so freundlich rät, und du willst durchaus und durchum frei sprechen... du Laie! Du lächerlicher Cicero! Nimm dir doch ein Beispiel an unsern professionellen Rednern, an den Reichstagsabgeordneten – hast du die schon mal frei sprechen hören? Die schreiben sich sicherlich zu Hause auf, wann sie

»Hört! hört!« rufen ... ja, also wenn du denn frei sprechen mußt:

Sprich, wie du schreibst. Und ich weiß, wie du schreibst.

Sprich mit langen, langen Sätzen – solchen, bei denen du, der du dich zu Hause, wo du ja die Ruhe, deren du so sehr benötigst, deiner Kinder ungeachtet, hast, vorbereitest, genau weißt, wie das Ende ist, die Nebensätze schön ineinandergeschachtelt, so daß der Hörer, ungeduldig auf seinem Sitz hin und her träumend, sich in einem Kolleg wähnend, in dem er früher so gern geschlummert hat, auf das Ende solcher Periode wartet ... nun, ich habe dir eben ein Beispiel gegeben. So mußt du sprechen.

Fang immer bei den alten Römern an und gib stets, wovon du auch sprichst, die geschichtlichen Hintergründe der Sache. Das ist nicht nur deutsch – das tun alle Brillenmenschen. Ich habe einmal in der Sorbonne einen chinesischen Studenten sprechen hören, der sprach glatt und gut französisch, aber er begann zu allgemeiner Freude so: »Lassen Sie mich Ihnen in aller Kürze die Entwicklungsgeschichte meiner chinesischen Heimat seit dem Jahre 2000 vor Christi Geburt . . .« Er blickte ganz erstaunt auf, weil die Leute so lachten.

So mußt du das auch machen. Du hast ganz recht: man versteht es ja sonst nicht, wer kann denn das alles verstehen, ohne die geschichtlichen Hintergründe ... sehr richtig! Die Leute sind doch nicht in deinen Vortrag gekommen, um lebendiges Leben zu hören, sondern das, was sie auch in den Büchern nachschlagen können ... sehr richtig! Immer gib ihm Historie, immer gib ihm.

Kümmere dich nicht darum, ob die Wellen, die von dir ins Publikum laufen, auch zurückkommen – das sind Kinkerlitzchen. Sprich unbekümmert um die Wirkung, um die Leute, um die Luft im Saale; immer sprich, mein Guter. Gott wird es dir lohnen.

Du mußt alles in die Nebensätze legen. Sag nie: »Die Steuern sind zu hoch.« Das ist zu einfach. Sag: »Ich möchte zu dem, was ich soeben gesagt habe, noch kurz bemerken, daß mir die Steuern bei weitem ...« So heißt das.

Trink den Leuten ab und zu ein Glas Wasser vor – man sieht das gern.

Wenn du einen Witz machst, lach vorher, damit man weiß, wo die Pointe ist.

Eine Rede ist, wie könnte es anders sein, ein Monolog. Weil doch nur einer spricht. Du brauchst auch nach vierzehn Jahren öffentlicher Rednerei noch nicht zu wissen, daß eine Rede nicht nur ein Dialog, sondern ein Orchesterstück ist: eine stumme Masse spricht nämlich ununterbrochen mit. Und das mußt du hören. Nein, das brauchst du nicht zu hören. Sprich nur, lies nur, donnere nur, geschichtele nur.

Zu dem, was ich soeben über die Technik der Rede gesagt habe, möchte ich noch kurz bemerken, daß viel Statistik eine Rede immer sehr hebt. Das beruhigt ungemein, und da jeder imstande ist, zehn verschiedene Zahlen mühelos zu behalten, so macht das viel Spaß.

Kündige den Schluß deiner Rede lange vorher an, damit die Hörer vor Freude nicht einen Schlaganfall bekommen. (Paul Lindau hat einmal einen dieser gefürchteten Hochzeitstoaste so angefangen: »Ich komme zum Schluß.«) Kündige den Schluß an, und dann beginne deine Rede von vorn und rede noch eine halbe Stunde. Dies kann man mehrere Male wiederholen.

Du mußt dir nicht nur eine Disposition machen, du mußt sie den Leuten auch vortragen – das würzt die Rede.

Sprich nie unter anderthalb Stunden, sonst lohnt es gar nicht erst anzufangen.

Wenn einer spricht, müssen die andern zuhören – das ist deine Gelegenheit! Mißbrauche sie.

Ratschläge für einen guten Redner

Hauptsätze. Hauptsätze. Hauptsätze.

Klare Disposition im Kopf – möglichst wenig auf dem Papier.

Tatsachen, oder Appell an das Gefühl. Schleuder oder Harfe. Ein Redner sei kein Lexikon. Das haben die Leute zu Hause.

Der Ton einer einzelnen Sprechstimme ermüdet; sprich nie länger als vierzig Minuten. Suche keine Effekte zu erzielen, die nicht in deinem Wesen liegen. Ein Podium ist eine unbarmherzige Sache – da steht der Mensch nackter als im Sonnenbad.

Das Erkennen von Intentionen

Wissen Sie nach diesem langen Text noch, welche Aufgabe gestellt war? Zumindest erkannten Sie die Mehrgleisigkeit in den Intentionen des Autors. Ihm selbst genügen die knappen Sätze in den ›Ratschlägen für einen guten Redner‹, in denen er als Schlußpunkt sagt:

»Suche keine Effekte zu erzielen, die nicht in deinem Wesen liegen.«

Für den Leser muß er zusätzlich illustrieren; in der langen Einleitung entlarvt er im Detail die Schwächen des normalen Redners. TUCHOLSKY hält seinem Leser den Spiegel vor und trifft damit kräftiger als mit nur erhobenem Zeigefinger. Aber sein Hauptanliegen »Suche keine Effekte« wird weder an den Anfang gestellt, noch findet es sich im ironischen ersten Textteil, wo es leicht aus dem Gedächtnis verdrängt werden könnte. Den Kerngedanken, den niemand überhören soll, spart sich TUCHOLSKY für den Schluß.

Wie der Gastgeber beim Bewirten seiner Gäste den besten Wein als letzten reicht, sollte auch der Redner seine wichtigsten Gedanken für die Schlußsätze aufheben.

Das zeigt Ihnen, daß Sie beim Aufbau einer eigenen Rede Ihre Hauptgedanken nicht durch eine falsche Plazierung verschenken dürfen.

Die Steigerung der Linienführung ist kaum zu übertreffen. Der wichtigste Satz findet sich nicht an einem beliebigen Ort des Schlusses, sondern im allerletzten, einprägsamsten Absatz, wo er den Hörer am besten zum Nachdenken anregt.

Es ist eine harte Forderung, die TUCHOLSKY an den Redner richtet: den Weg zum eigenen Ich geradlinig zu verfolgen und die Frage nicht aus den Augen zu verlieren: »Wer bin ich?« Ein Redner, der das eigene Ich nicht akzeptiert, strahlt nichts aus; er hätte es schwer, vor den Zuhörern zu bestehen.

»Ein Podium ist eine unbarmherzige Sache – da steht der Mensch nackter als im Sonnenbad.«

Zusammenspiel von Wort und Ausdruck

In früheren Kapiteln haben Sie bereits an Ihrer Gestik gearbeitet und Wort und Ausdruck aufeinander abgestimmt. Sie erinnern sich, daß Gestik kein mechanisches Antrainieren vorgegebener Bewegungen sein soll, sondern eine der Sprache entsprechende Äußerung ist, die parallel zum Entwicklungsprozeß des Redners verläuft.

Wenn Sie Ihre Rednerpersönlichkeit vervollkommnen möchten, darf die Gestik im Studium der Rhetorik nicht zu kurz kommen. Das macht ein erneutes Aufgreifen notwendig. Die folgende Übung besteht nur aus kurzen Sätzen. Sie ist nicht schwierig, verlangt aber Konzentration.

Übungen zur Gestik und Sprache

Das Gelingen dieser Bewegungsübungen wird Ihnen Freude bereiten. Treten Sie nach vorn, und sprechen Sie mit stets wechselnder Gestik und Mimik. Dabei heben Sie durch unterschiedliche Stimmhöhe jeweils ein Wort hervor. Für Ihren Körper gilt auch hier wieder: alles ganz locker!

Der erste Beispielsatz lautet:

›Ich kann heute nicht zu Dir kommen.‹

1. Beispiel

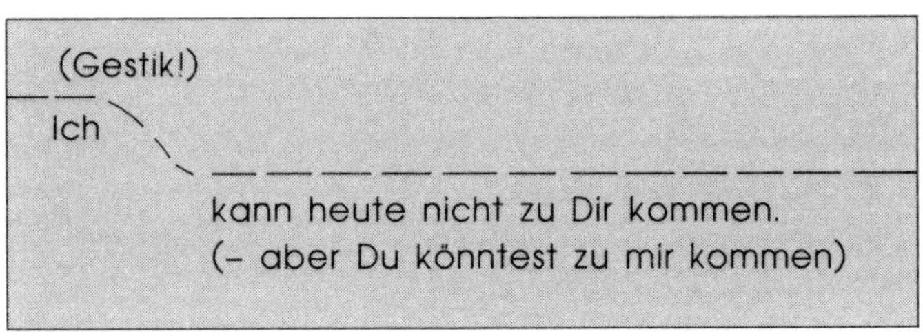

2. Beispiel

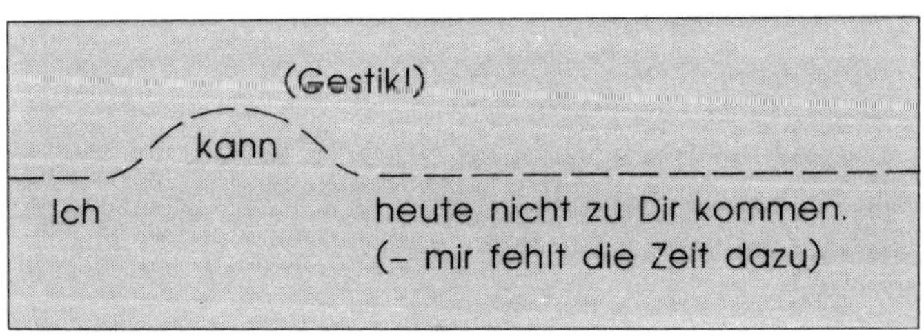

3. Beispiel

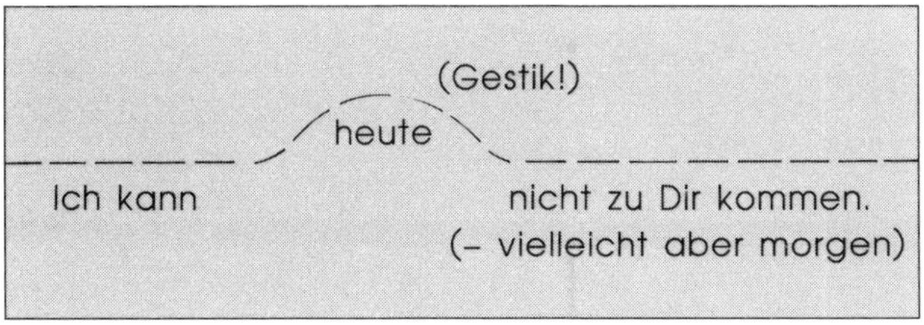

4. Beispiel

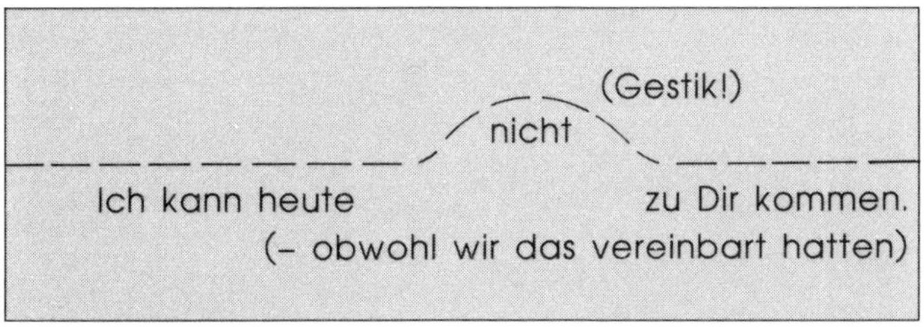

5. Beispiel

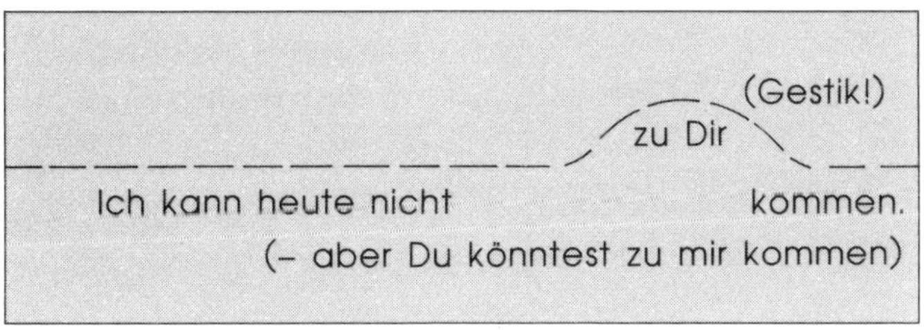

Rollenwechsel

Jetzt ist Ihr Partner mit der Übung an der Reihe; Sie selbst sind mit Auge und Ohr aktiv dabei.

Ähnliche Satzbeispiele

Fügen Sie nun einen zweiten Übungssatz an. Suchen Sie dazu mit Ihrem Partner einen Text, der aus wenigen Worten besteht und den Sie in ähnlicher Weise wie oben vortragen. Sie können auch den hier angegebenen Text verwenden:

›Ich brauche Dich morgen.‹

1. Beispiel

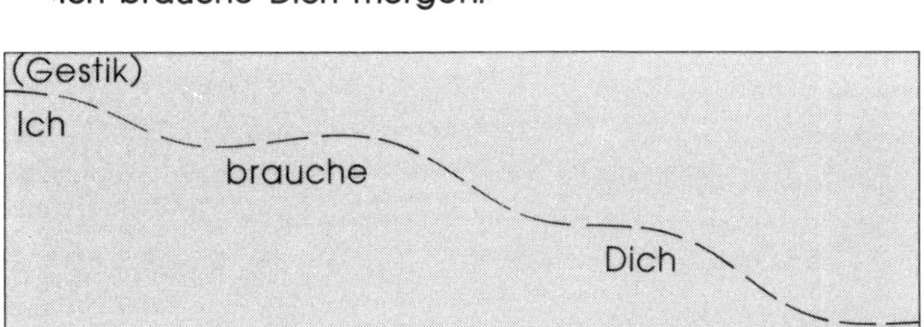

2. Beispiel

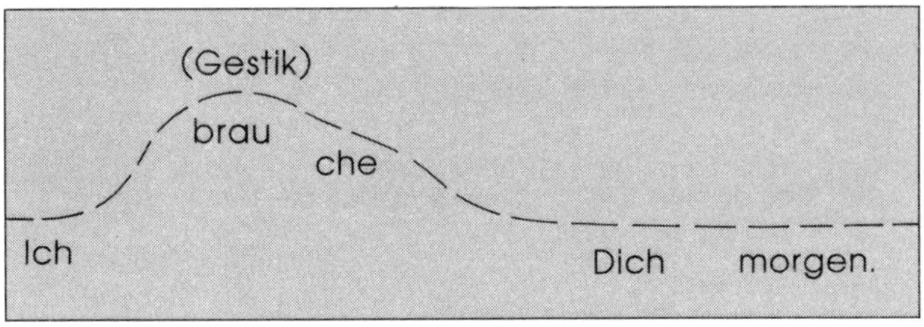

3. Beispiel

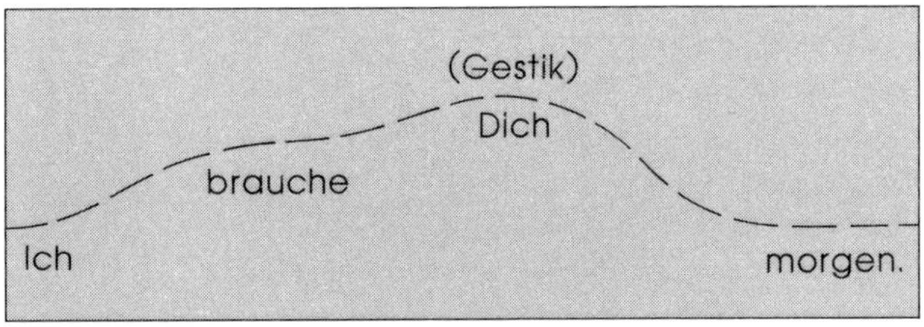

4. Beispiel

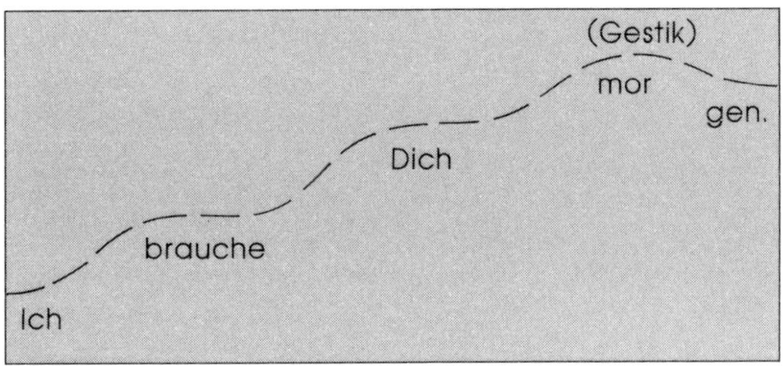

● Die in diesen Übungen erlernte Art der Gestik und Stimmführung wenden Sie künftig auch situationsgemäß in Ihrer freien Rede an.

Verbesserung des Sprachstils

Sie erhalten nun Gelegenheit, neben Ihrem bereits erworbenen Können in der Gestik Ihre stilistische Ausdrucksfähigkeit zu steigern. Besonderes Ziel ist es dabei, durch die Ausweitung Ihrer rhetorischen Möglichkeiten besser verstanden zu werden. Daß Sie zusätzlich den bereits erlernten Stoff wiederholen und dabei intensiv anwenden, versteht sich von selbst.

Das Vorstellen eines Partners

Durch prägnanten Ausdruck und eine geschliffene Rede sollen Sie Ihrer Gruppe oder einem fiktiven Publikum einen Ihnen bekannten Partner vorstellen. Dazu bedarf es zunächst einer kurzen Vorbereitung.

- Ihr Partner und Sie fertigen jeweils einen Stichwortzettel an. Falls Sie nicht ausreichend über den Lebensweg des Partners informiert sind, interviewen Sie Ihn vorher.
- Formulieren Sie zu Ihrer Rede den Einleitungs- und Schlußsatz schriftlich; Sie haben also drei Blätter im DIN-A5-Format, vielleicht in verschiedenen Farben.
- Beurteilen Sie das angeführte Beispiel kritisch und machen Sie sich einige Anmerkungen zum Stil dieser Rede.

»Meine Damen und Herren, ich darf Ihnen heute einen neuen Kollegen, Herrn Franke, vorstellen. Er studierte von 1978 bis 83 in Hamburg die Fächer Mathematik und Sport. Er hat noch drei Kinder und macht als Hobby bei der freiwilligen Feuerwehr mit. Sein zweites Hobby ist das Angeln. Er wird sich besonders für die äußere Gestaltung unseres Schulhofs einsetzen.«

Dieses Beispiel ist sicher nicht in der Lage, Zuhörer zu begeistern. Hier ist die Verwendung einer plastischeren Sprache zu empfehlen, die Einzelheiten aus dem Leben des Vorzustellenden auswertet. Nur damit erreichen Sie den Hörer.

Spannung durch Anrede

Sprechen Sie Ihr Publikum nicht nur einmalig zu Beginn mit einer Anrede an, sondern auch während der Rede vor besonders markanten Stellen, die Sie dadurch hervorheben können. Dieses Einschiebsel unterbricht und verzögert die Darbietung geringfügig, liefert aber eine erhöhte Spannung; so zum Beispiel

»Und das, meine Damen und Herren, ist das Bedeutsame an seinem Leben...«

Nebensätze

Verschiedene Gedanken, unverbunden nebeneinandergestellt, lassen jedesmal einen Bruch in der Rede erkennen. Koppeln Sie deshalb durch die Verwendung von Nebensätzen offensichtlich gegensätzliche Gedanken aneinander, etwa Beruf/Familie oder Beruf/Hobby. Verwenden Sie dazu Bindewörter.

Bindewörter:

Obwohl; als; solange; während; nachdem; sobald; da; trotzdem

Zwar haben Sie bei KURT TUCHOLSKY in den ›Ratschlägen für einen guten Redner‹ gelernt: Hauptsätze – Hauptsätze! Diese Forderung gilt auch weiterhin für den größten Teil der Rede. Aber an der folgenden Gegenüberstellung zweier Beispiele sehen Sie, daß Sie unbedingt Nebensätze benötigen, um gegensätzliche Gedanken ineinander zu verzahnen.

Gutes Beispiel

»Obwohl Herr Müller beruflich sehr engagiert ist – er arbeitet als Industriekaufmann – findet er dennoch genügend Zeit für sein Hobby: die Politik ...«

Dieser Text arbeitet mit einem Nebensatz, der von der Konjunktion ›obwohl‹ eingeleitet wird. Die zusätzliche Unterbrechung durch eine eingeschobene Parenthese wirkt auf die Satzkonstruktion belebend. Parenthesen sind in der Rhetorik sehr beliebt. Diese selbständigen Kurzsätze gelten als Ausschmückung der Rede.

Schlechtes Beispiel

»Herr Müller arbeitet als Industriekaufmann. Sein Hobby ist unter anderem die Politik ...«

Hier ist ein Bruch zwischen den Worten ›Industriekaufmann‹ und ›sein Hobby‹ zu erkennen, der Hörer empfindet sie als gedanklich nicht zusammenhängend.

Besser formulieren

Für Ihre rhetorischen Übungen wählen Sie aus den folgenden schlechten Beispielen drei aus, die Sie besser formulieren.

Heike Tietz hat vor einem halben Jahr die Realschule abgeschlossen. Danach begann ihre Verwaltungsausbildung. Jetzt nimmt sie Tanzstunden. Sie hat schon viele nette Freunde kennengelernt.

Herr Thiel ist Teilhaber eines Sportgeschäftes. In seiner Freizeit macht er gern Reisen oder fertigt Schnitzereien an. Er geht auch oft auf Skiwanderungen. Im Sommer gibt er dann Tauchkurse.

Herr Heß hat als Hobby Tanzengehen und Modelleisenbahnen. Manchmal beteiligt er sich mit seinem Club an Ausstellungen. Seit einem Jahr ist Karl Heß verheiratet. Er ist bei der Bundesbahn als Zugführer tätig und hat einen harten Dienst.

Ilse Weiß arbeitet als Sekretärin in einer Werbeagentur. Ihren Mann lernte sie in München kennen, und sie hat viel Freude an ihren drei Kindern. Sie besitzen einen Hof auf dem Land mit großem Garten.

Michael Funk ist 17 Jahre alt. Er absolviert gerade eine Schreinerlehre. Er spielt in einer Blaskapelle und kocht auch gern. Frauen lehnt er im Moment noch ab. Sein liebstes Hobby ist das Drachenfliegen.

Elke Müller ist Abgeordnete im Stadtparlament. Beruflich wird sie stark eingespannt und hat enormen Erfolg. Ihr Hobby ist Gartenarbeit und Blumenzüchten. Im März wird sie 35 Jahre alt.

Egon Drais hat drei Kinder. Seine Lieblingsbeschäftigung ist Autofahren. Er ist als Kellner in einem Nobelrestaurant tätig. Oft beteiligt er sich an CB-Funker-Treffen. Er fährt auch gern Autorennen.

Martina Klein ist noch Schülerin. Sie möchte später Goldschmiedin werden. In der Schule hat sie Zeichnen und Kunstunterricht gern. Auch für Reisen, Radfahren und Segeln kann sie sich begeistern.

Sprachübung

Sie haben drei der oben festgehaltenen Beispiele ausgewählt und üben daran, den Sprachstil des Vortrages durch flüssige Gedankenverbindung zu heben. Die folgenden Anleitungen helfen Ihnen dabei.

Zuerst gilt es, einen geschmeidigen Redestil zu erzeugen, indem die aneinandergereihten Hauptsätze in ein Satzgefüge verwandelt werden. Formulieren Sie dazu Haupt- und Nebensätze, die Sie durch Konjunktionen wie ›obwohl, nachdem, weil, während ...‹ einleiten.

Hier ist zur Anleitung noch einmal eine Beispiellösung:

Gutes Beispiel

»Nachdem er seine Lehre als Fotograf abgeschlossen hatte, suchte Herr Anders nach neuen Aufgaben und gründete vor zwölf Jahren einen Verlag in D...«

Schlechtes Beispiel

»Herr Anders ist Verlagskaufmann, und er ist heute selbständig. Gelernt hatte er vor Jahren einmal den Beruf eines Fotografen...«

Schreiben Sie jetzt Ihre Lösungen für die Umformulierung der oben genannten Beispiele in ähnlicher Weise auf.

Beispiel mit Parenthese

»Nachdem er seine Lehre als Fotograf abgeschlossen hatte – und das, meine Damen und Herren, ist das Bewundernswerte und Erstaunliche an seinem Leben –, steckte er sich so hohe Ziele, daß er vor zwölf Jahren einen Verlag in seiner Vaterstadt gründete.«

Hier dient eine Parenthese zur Hervorhebung. Lassen Sie sich von den dargestellten Formulierungen anregen, und fügen Sie in den von Ihnen gewählten drei Beispielen Parenthesen ein, sie beleben Ihren Vortrag. Die neugefundene Möglichkeit halten Sie bitte schriftlich fest.

Der Partner wird vorgestellt

Durch Ihre Vorbereitung sind Sie jetzt sprachlich so gut gerüstet, daß Sie Ihren Partner oder eine bliebige Person dem Publikum vorstellen können. Überarbeiten Sie Ihr Papier mit den Daten zur Person so, daß die Konjunktionen ›da, weil, obwohl...‹ Ihnen helfen, gegensätzliche Gedanken miteinander zu verbinden.

Wenn Sie mutig sind, können Sie zur späteren Kontrolle Ihres Vortrags Ihr Tonbandgerät zur Aufnahme einschalten. Halten Sie Ihre Rede im Stehen und bereichern Sie sie mit gezielten und zugleich lockerer Gestik und Mimik.

Wenn Sie merken, daß Sie sich bei der Verwendung von Nebensätzen und Parenthesen steigern können, üben Sie ruhig mehrmals, und arbeiten Sie einige Stellen schriftlich aus. Sie wissen ja: Es ist noch kein Meister vom Himmel gefallen.

Lernerfolg

Die Lernziele von Kapitel 10

Durch Ihre Mitarbeit an Kapitel 10 haben Sie gelernt,

- einen fremden Text zu erfassen und Teile des Inhalts zu übernehmen.
- Intentionen zu erkennen und sie gegen eigene Vorstellungen abzuwägen.
- die Reihenfolge der Argumente (wichtigste Gedanken an den Schluß!) festzulegen.
- Satzaussagen im gesprochenen Wort durch Hervorheben zu verändern.
- Gestik und Mimik der Aussagekraft der jeweiligen Sprache anzupassen.
- auf den anderen einzugehen und seine Eigenheiten (charakterlich, persönlich, beruflich) zu erfassen.
- gegensätzliche Gedanken innerhalb einer Rede bruchlos durch Nebensätze zu verbinden.
- Besonderheiten durch eine Parenthese hervorzuheben.

Alles
geschieht aus den
beiden Grundkräften Spannung und Lösung.
Scheinbar sind sie Gegensätze,
in Wahrheit aber Ergänzungen.

Anton Stangl

KAPITEL 11

Das Selbstwertgefühl des Redners

Die meisten Teilnehmer an Rhetorikkursen widmen sich nach einem arbeitsreichen Tag ihrer Weiterbildung. Sie haben bereits einen Acht-Stunden-Tag in der Firma hinter sich gebracht oder sogar einen Zwölf-Stunden-Tag im Haushalt. Und von den Kräften, die ein Mensch morgens bei Arbeitsbeginn mitbringt, ist am Abend nach den Anstrengungen des Tages nicht mehr viel übrig.

Aber eine Unausgeruhtheit muß nicht als Last empfunden werden.

Wie Einatmen und Ausatmen im Wechsel erfolgen, sollten auch Spannung und Entspannung einander ablösen.

Der natürliche Rhythmus von Anspannung und Erholung ist die Grundbedingung für ein körperliches, geistiges und seelisches Wohlbefinden. Nur in diesem Dreieck entfaltet sich Ihre Rednerpersönlichkeit.

In verschiedenen Gruppen fiel stets auf, daß spielerische Entspannungsübungen in der Gemeinschaft besonderen Spaß machten. Nach diesen rhythmischen Übungen setzten sich die Mitglieder der Gruppe zusammen und überlegten, was sie Positives erreicht hatten:

- Hände und übriger Körper waren warm geworden.
- Die Teilnehmer waren nicht mehr müde, sondern wieder für Neues aufnahmebereit.
- Der Schritt war fester und sicherer geworden.
- Auch für die Aussprache hatte man etwas getan: die Teilnehmer wurden akustisch besser verstanden.
- Sie hatten ihr Gedächtnis durch schnelles, aber intensives Auswendiglernen trainiert.
- Durch Bewegung im Rhythmus waren die Arme für die Gestik freier geworden und nicht mehr ängstlich an den Körper angewinkelt.
- Auch die Wirbelsäule nahm an dem Geschehen aktiv teil.

Freies Auftreten

Sie selbst können die Bewegungsübungen jetzt ausführen und sollten sie auch später immer wieder aufgreifen, um die Harmonie Ihrer Bewegungen zu steigern. Hierdurch erlangen Sie ein nach außen gekehrtes, offenes und festes Auftreten.

Ein zögernder und nachgiebiger Gang des Redners zum Pult färbt auf Inhalt und Form seines Vortrags ab. Wieviel mehr Überzeugungskraft strahlt hingegen ein Redner aus, der selbstbewußt erkennen läßt:

»Mich wirft nichts um, ich stehe über dem Ganzen!«

Rhythmische Übung

Gehen Sie mit den Augen den folgenden Text durch. Am 3/4-Takt werden Sie erkennen, daß Sie einen Tanz vor sich haben. Dabei heben sich zwei im Charakter verschiedene Teile voneinander ab: ›schnell‹ und ›langsam‹.

Sprechen Sie zunächst den Text und versuchen Sie, beim lauten Sprechen den Rhythmus mit allen Akzenten (Betonungen: >) aufzunehmen.

Sprechtext

3/4-Takt (schnell)

3/4-Takt (langsam)

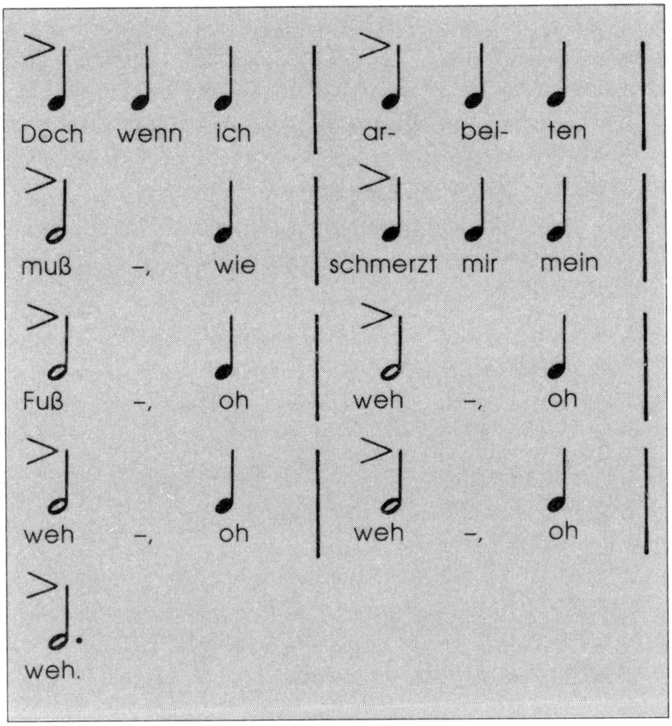

Zum sprachlichen Ausdruck

Geprägt durch einen Dreier-Rhythmus, Satz- und Wortwiederholungen, liegt hier ein spielerischer Text vor. In dem beschwingten ersten Teil ist der Tänzer in der Lage, seine Schmerzen völlig zu vergessen, weil er zu einem Fest aufbricht.

In starkem Gegensatz dazu steht der zweite Teil. Der Gedanke an die Arbeit läßt die Schmerzen so groß werden, daß man sich nur mühevoll dahinschleppt und den kranken Fuß hinkend nachzieht. Auf dem qualvollen Weg zur Arbeit knickt der Mensch bei jedem Taktbeginn in sich zusammen und richtet sich anschließend aus Pflichtbewußtsein wieder auf. Das ist bei dieser Übung ein gutes Training für die Wirbelsäule.

Locker bis in die Wirbelsäule

›Der Mensch ist so alt wie seine Wirbelsäule‹, sagen die Inder. Nehmen Sie sich deshalb für die folgenden Übungen besonders viel Zeit, und geben Sie sich Mühe, locker bis in die Wirbelsäule zu sein. Wer diese Bewegungsübung des öfteren durchführt, entwickelt langsam ein Gefühl für seine Wirbelsäule. Sie wollen ja nicht wie in ein Eisenkorsett gezwängt, sondern als lebender Mensch hinter dem Rednerpult stehen.

Ob Sie den Text ›Wenn ich zum Tanzen geh . . .‹ schon auswendig können? Wenn ja, wird zu dem Sprechen die Bewegung hinzukommen.

Sie gehen im Takt, die Hände klatschen beim Hochführen während der akzentuierten Silben in Kopfhöhe und pendeln anschließend locker nach unten. Sie müssen spüren, daß Verspannungen bis in die Wirbelsäule hinein aufgehoben sind.

1. Teil

– in die Hände klatschen! –   – in die Hände klatschen! –

Wenn	ich	zum	Tan-	ze	geh,
tut	mir	mein	Fuß	nicht	weh.
Fuß	nicht	weh,	Fuß	nicht	weh,
Fuß	nicht	weh,	Fuß	nicht	weh.

2. Teil

Doch	wenn	ich	ar-	bei-	ten
muß	–,	wie	schmerzt	mir	mein
Fuß	–,	oh	weh	–,	oh
weh	–,	oh	weh	–,	oh
weh.					

›Doch wenn ich arbeiten muß, wie schmerzt mir mein Fuß, oh weh, oh weh, oh weh, oh weh.‹ Bei diesem bedrückenden Text klatschen Sie nicht mehr. Sie schreiten auch nicht aufrecht, sondern gehen beim ersten Schritt tief in die Knie. Richten Sie Ihre Gedanken auf Ihren elastischen, nachgiebigen Rücken und achten Sie darauf, daß der Kopf die Bewegungen der Wirbelsäule mitmacht.

Deutliche Aussprache

Auf diese intensive Bewegung folgt eine sprachliche Übung. Nicht zufällig kommen in unserem Tanz so viele Wortwiederholungen vor. An diesen Stellen können Sie in Ihrem Ausdruck aktiv werden.

Unterstreichen Sie im Text die Konsonanten ›f, t, sch‹ und die Buchstaben ›w‹ und ›m‹ an den Wortanfängen. Sie werden feststellen, wie reich unsere Sprache an den mitklingenden Lauten ist. Nur wenn sie alle gesprochen werden, verstehen Ihre Zuhörer bis in die letzten Reihen akustisch alles, was Sie am Rednerpult sagen. Ihre Mühe, die Sie sich bei den Übungen machen, wird sich also lohnen.

Jetzt führen Sie beide Bewegungsübungen nacheinander aus; wenn es Ihnen Spaß macht, mehrere Male. Dabei sprechen Sie alle Wörter, die mit ›w, t, f, m, sch‹ beginnen, sehr markant und intensiv aus.

Die Spannung im Vortrag

Durch die letzte Übung sind Sie frei und beweglich geworden. Diese Elastizität sollten Sie wahren, wenn Sie eine nüchtern erzählte Geschichte so umwandeln, daß sie von Ihnen spannungsreich vorgetragen wird.

Der Zuhörer nimmt eine Rede nicht nur akustisch auf, sondern er will auch beteiligt und gefesselt sein. Hier sind also Gestik und rhetorische Mittel zum Erzeugen von Spannung einzusetzen. Die Gestik fällt Ihnen schon leicht. Die rhetorischen Fragen, die nun behandelt werden, sind schnell zu erfassen.

Lesen Sie das Märchen »›Die seltsame Krönung‹ aus Siebenbürgen, bis Sie den Inhalt sinngemäß beherrschen. Die Ziffern am Blattrand geben die einzelnen Abschnitte an, auf die später verwiesen wird.

Die seltsame Krönung

Abschnitt

1 Vor langer Zeit lebte ein Bauer, der hatte drei Söhne. Die beiden älteren waren groß und stark, aber stolz und neidisch, der jüngste klein und schwächlich, aber gut und fromm. Seine älteren Brüder lachten und spotteten über ihn, nahmen ihn nirgends mit und nannten ihn nur den Aschenputtel, weil er zu Hause immer nur in der Asche saß.

2 Eines Tages geschah es, daß der König starb. Im ganzen Lande wurde bekannt gemacht, alles Volk solle sich auf der Königswiese versammeln. Dort werde Gott dem, der ihm am liebsten sei, die Krone aufsetzen.

3 Die beiden älteren Brüder legten schöne Kleider an und schickten sich an zur Reise. Der Jüngste bat, sie möchten ihn auch mitnehmen, aber sie sagten: »Sollen wir mit dir Spott und Schande erleben? Bleib ruhig in deinem Aschenwinkel, dorthin gehörst du wohl!«

4 Aschenputtel aber schleicht ihnen nach und kommt auch zu der großen Wiese, wo alles Volk versammelt ist. Aber er fürchtet, daß ihn seine Brüder sehen, ihn schlagen und nach Hause schicken würden. Darum kriecht er in einen Schweinestall, der am Rande der großen Wiese steht.

5 Als die Stunde der Königswahl gekommen ist, legt man die Krone auf einen Hügel, und alle Glocken beginnen zu läuten. Und siehe, da hebt sich die Krone langsam in die Höhe, schwebt hoch über alle Häupter hinweg und senkt sich endlich langsam herab, gerade auf den Schweinestall.

6 Die Leute laufen neugierig hinzu.

7 Da finden sie den armen kleinen Aschenputtel. Sie heben ihn heraus, beugen ihre Knie vor ihm als vor ihrem neuen König, den Gott auf den Thron berufen hat, und führen ihn im Jubel auf die Königsburg.

8 Die stolzen Brüder aber schlichen beschämt nach Hause.

Stichwortzettel

Der Bauer und seine Söhne
Tod des Königs
Reisevorbereitung und Abweisung des Jüngsten
Versteck im Stall
Das Schweben der Krone
Das Eilen der Menschen
Der neue König
Beschämung der Brüder

Um die Geschichte frei vortragen zu können, fertigen Sie einen Stichwortzettel an. Suchen Sie sich dabei für jeden Abschnitt eine Teilüberschrift, die das Wesentliche eindeutig ausdrückt. Vermerken Sie Substantive für die spätere lebendige Gestaltung. Notieren Sie die Stichworte wegen der besseren Übersichtlichkeit groß und auffällig auf einem Blatt untereinander. Mit Hilfe des angeführten Beispiels können Sie Ihre Eintragungen überprüfen und ergänzen.

Das Steigern der Erwartung

Sicher haben Sie schon am Lautsprecher eines Radios Sportberichte gehört. Sie sind oft so mitreißend, daß Sie das Gefühl haben, das Spiel mitzuerleben. Der Reporter weiß, daß er eine Spannung nicht verschenken darf. Er baut sie langsam auf und versucht, sie möglichst lange zu halten.

In Abschnitt 5 unserer Erzählung erfährt der Hörer in knapper und sachlicher Form die Ereignisse. Dies ist aber zu wenig. Erweitern Sie deshalb den Text dergestalt, daß Sie die wichtigste Information – wo sich die Krone niederläßt –, möglichst lange hinauszögern und dadurch die Spannung aufrechterhalten. Dies erreichen Sie durch eine Verzögerungstechnik wie das Erwähnen von Nebensächlichkeiten:

Die Krone erhebt sich zuerst senkrecht nach oben. Sie scheint unsicher, bleibt stehen. Wie gebannt beobachten die beiden älteren Brüder ihren Weg...

Jeder hofft und bangt, sie möge sich über seinem Haupt niederlassen.

Spannung erzielen Sie aber auch durch rhetorische Fragen, also Scheinfragen, auf die der Hörer keine Antwort erwarten darf:

Die Krone erhebt sich. Wohin wird sie schweben? Wen wird die Wahl treffen? Werde ich der Auserwählte sein?

Die Krone über dem Schweinestall – was hat das zu bedeuten? Sollte sich der Himmel geirrt haben?

Und nun können Sie mit der Textumwandlung beginnen. Damit es Ihnen zu Anfang etwas leichter fällt, nehmen Sie zunächst die hier vorgegebenen Sätze, und erweitern Sie damit schriftlich Abschnitt 5.

Eine schriftliche Ausführung des Abschnittes 5 könnte folgendermaßen aussehen:

Da erhebt sich die Krone hoch über die Häupter der Menschenmenge. Das Volk steht wie gebannt. Wer wird der Auserwählte sein? Die Krone beginnt zu wandern. Doch plötzlich scheint sie unsicher zu sein. Sie bleibt stehen und

schlägt eine Wendung nach rechts ein – geradewegs auf den Schweinestall zu. Aber dort ist keine Menschenseele zu sehen. Was hat das zu bedeuten? Sollte niemand der Auserwählte sein? Oder sollte sich gar der Himmel getäuscht haben?

Freier Vortrag

Nach Ihrer schriftlichen Arbeit an diesem Abschnitt lösen Sie sich wieder von Ihrem Text, um Abschnitt 5 aus dem Gedächtnis frei vorzutragen:

- Versuchen Sie, die Gestik einzubeziehen. Der rechte Arm kann in ruhiger Weise den Verlauf der Krone andeuten. Führen Sie den beschriebenen Bogen wirklich zu Ende.
- Erzählen Sie spannend, indem Sie rhetorische Fragen in die Handlung einfließen lassen oder die Erzählung verzögern.
- Lassen Sie einer Frage eine Spannungspause folgen, um dem Hörer die Möglichkeit zum gedanklichen Nachvollziehen einzuräumen.

Nun tragen Sie den Text frei vor.

Erweitern eines Textes

Stichworte

hastiges Eilen
stürmisches Gedränge
ein Schuh
eine Tasche
eine Puppe
ein Regenschirm
viele Ellenbogen
Pudel und Dackel
ein weinendes Kind
eine Katze im Weg
eine lange Hundeleine
jemand stürzt

In dem Text ›Die seltsame Krönung‹ wird Ihnen aufgefallen sein, daß der Abschnitt 6 nur aus einem einzigen Satz besteht: ›Die Leute laufen neugierig hin.‹

Diesen Satz bauen Sie jetzt aus. Damit Sie eine pakkende Erzählung mit möglichst vielen Beispielen bringen können, nehmen Sie die angegebenen Stichwörter zuhilfe.

Stellen Sie sich zunächst das Eilen und Drängen der Menschenmenge (›Die Leute laufen neugierig hin‹) wie in einem Film vor. Versuchen Sie unter Zuhilfenahme der Stichworte, die Sie beliebig verändern können, eine detaillierte Schilderung abzugeben. Alles zusammen soll das Gedränge und Durcheinander ausdrücken.

Zeigen Sie in dem raschen Tempo Ihrer Schilderung auch, welche Stimmkraft Sie besitzen. Steigern Sie im Verlauf des Vortrags die Dynamik.

Lassen Sie sich von den Stichwörtern spontan anregen und tragen Sie jetzt vor.

Zwei Möglichkeiten

Die Geschichte geht weiter. Abschnitt 7 handelt vom Auffinden des neuen Königs im Schweinestall.

Dazu sind zwei Textfassungen denkbar. Treten Sie nach vorn, und sprechen Sie die beiden folgenden Fassungen laut und deutlich. Sie werden feststellen, welch großer Unterschied zwischen beiden Texten besteht.

Langweiliger Text

»Ein Mann aus der ersten Reihe nimmt sich ein Herz und öffnet die Tür. Einige Neugierige folgen nach. In einer Ecke finden sie zusammengekauert den kleinen Aschenputtel, den sie nun unter Jubel hinausführen.«

Diese Fassung läßt die Katze zu schnell aus dem Sack; alle Spannung wird dadurch verschenkt. Das Rätsel wird aufgelöst, bevor der Zuhörer zu überlegen beginnt.

Spannender Text

»Da nimmt sich ein Mann aus der ersten Reihe ein Herz und öffnet die Tür. Ein Raunen geht durch die Menge. Einige andere folgen. »Ist hier jemand?« fragen sie. Dann etwas barscher: »Ist hier jemand?« Auf einmal sehen sie in der hintersten Ecke die Silhouette einer zusammengekauerten Gestalt. Sie können es nicht glauben: Das soll unser neuer König sein? Sie treten näher, aber sie können es noch nicht fassen.

Da schlägt die Spannung in Begeisterung um. Die kleine zusammengekauerte Gestalt ist kein anderer als der unscheinbare Aschenputtel, den sie nun unter Jubel hinausgeleiten.«

Diese Fassung zieht durch Ruhepunkte und rhetorische Fragen die Zuhörer in den Bann. Es dauert lange, bis der Name ›Aschenputtel‹ genannt wird.

Geben Sie jetzt im Zusammenhang die ganze Erzählung wieder. Achten Sie dabei auf Verzögerungen und rhetorische Fragen, um die Spannung bis zum Auffinden von Aschenputtel im Schweinestall aufrechtzuhalten. Verraten Sie den Namen des neuen Königs möglichst spät. Das ist Ihre wichtigste Aufgabe im Vortrag.

Ihre Art der Darstellung soll den Hörer beeindrucken. Eine gezielte Gestik wird Ihnen dabei helfen.

Die Übungen zur Gestik sind damit abgeschlossen. Sie sollten jedoch immer wieder darauf zurückgreifen, um sich in Ihrer Arbeit als Redner weiter zu vervollkommnen.

Lernerfolg

Die Lernziele von Kapitel 11

Sie haben in diesem Kapitel erfahren, daß

- Sie alle Anspannung abstreifen müssen, wenn Sie den richtigen Zugang zur freien Rede bekommen wollen.
- Ihr Körper nur mit einer lockeren Wirbelsäule eine dem Text entsprechende Gestik durchführen kann.
- dabei Ihre Arme ihre Ängstlichkeit verloren haben und bis in die Schultern entspannt sind.

Sie haben außerdem gelernt, eine Rede spannungsreich zu führen, indem Sie

- Ihr Sprechtempo beschleunigen oder verlangsamen.
- in der Dynamik zwischen lautem und leisem Sprechen variieren.
- an entscheidenden Punkten mittels rhetorischer Fragen die Lösung hinauszögern.
- den rhetorischen Fragen Spannungspausen folgen lassen und damit dem Hörer die Möglichkeit zum Nachdenken oder zum Vorausdenken geben.
- durch Gestik das gesprochene Wort verdeutlichen.

Wer
in die Öffentlichkeit tritt,
hat keine Nachsicht zu erwarten und keine
zu fordern.

Marie v. Ebner-Eschenbach

KAPITEL 12

Die Vortragsveranstaltung

Viele Menschen möchten für alles eine Garantie haben, um sich im Leben sicherer zu fühlen. Für den Redner ist eine vorherige Absicherung nur selten möglich. Auch wenn Sie organisatorisch und technisch alles sorgfältig überprüft haben, kann etwas Unvorhergesehenes eintreten. Die Ratlosigkeit ist dann groß.

Pannen

Hier geht es nicht um das verlegte Manuskript, den falschen Lichtbilderstapel für den Vortrag oder die zu Hause vergessene Brille. Es geht vielmehr um Ereignisse und Umstände, die am Ort des Geschehens als Hindernisse in Erscheinung treten.

Beispiel 1

Ein Beispiel mag das verdeutlichen: Ein Redner benötigt für seinen Vortrag einen bestimmten Mitschnitt auf einer Videokassette. Die bespielte Kassette bringt er eigenhändig mit; man hatte ihm bestätigt, daß ein Videorecorder zur Verfügung stehe. Zehn Minuten vor dem Beginn seiner Rede stellt er fest, daß Recorder und Kassette nicht zueinander passen, weil sie zwei verschiedenen Systemen angehören.

Es nützt nichts, nach einem Schuldigen zu suchen. Der Vortrag muß gehalten werden, und der Redner steht vor der Aufgabe, aus dem Stegreif alles umzugestalten. Die Zuhörer klatschen bereits, da die Anfangszeit um 20 Minuten überzogen ist.

Beispiel 2

Angenommen, Sie wollen einen Diavortrag halten und stellen kurz vor Beginn beim Aufbau der Geräte fest, daß Sie außer der Wandsteckdose ein nicht vorhandenes Verlängerungskabel und eine Mehrfachsteckdose benötigen.

Ein Partner für die Organisation

Als Redner können Sie fehlendes Ausstattungsmaterial nicht selbst holen. Nehmen Sie daher tags zuvor Kontakt mit demjenigen auf, der mit den technischen Einrichtungen des Hauses vertraut ist und auch über die nötigen Schlüssel für Räume und Schränke verfügt. Sie müssen auch die Zusicherung erhalten, daß er während Ihres Vortrages anwesend oder zumindest erreichbar ist.

Besorgen Sie sich bereits vorher auch für Veranstaltungen in kleinem Rahmen einen Partner, der sich für die Organisation, also für die technische Ausstattung einschließlich Beleuchtung und Verdunklung, verantwortlich fühlt. Sie selbst haben mit der Konzentration auf Ihre Rede oder Ihren Vortrag genug zu tun und wollen sich ja auch auf das Publikum einstellen.

Für das Funktionieren der Technik vor und während der Veranstaltung ist der Organisator zuständig.

Beschränken Sie sich also auf die Ordnung Ihrer Unterlagen. Es ist keine Seltenheit, daß ein Redner nicht weiß, welches Dia an welcher Stelle erscheinen soll. ›Ach ja, das ist ganz durcheinander . . .‹ ist keine ausreichende Entschuldigung. Wenn Sie selbst die Reihenfolge von Bildern durcheinanderbringen, dürfen Sie sich nicht wundern, wenn Ihr Vortrag keinen Erfolg hat. Was außerhalb Ihres Bereiches als Redner liegt, ist jedoch Sache der Technik, die Sie allerdings überprüfen sollten.

Störungen durch Lärm

Was tun Sie, wenn mitten in Ihrer Rede jemand beginnt, im Nebenraum mit einer Bohrmaschine zu arbeiten? Werden Sie unterbrechen, eine Zigarettenpause einlegen und Ihr Rednerpult verlassen, um zu versuchen, die Störung zu beheben? Fühlen Sie sich als Gast und Redner dem Handwerker gegenüber kompetent genug? Werden Sie sich nach Ihren Bemühungen wieder ganz Ihrem Thema widmen können, ohne abgelenkt zu sein?

Einfacher wäre es, wenn der zuständige Organisator, mit dem Sie vorher Kontakt aufgenommen hatten, im Saal direkt angesprochen werden kann. Das ist mit oder ohne Mikrofon auch vom Rednerpult aus möglich:

»Herr XY, vielleicht haben wir die Möglichkeit, den da drüben mit einem Kasten Bier zu beruhigen?«

Für die Anwesenden ist damit das Problem humorvoll gelöst, der Fortsetzung Ihrer Rede steht nichts mehr im Weg. Ihr Partner hat allerdings die Verantwortung, eine vollständige und dauerhafte Lösung dieser Misere herbeizuführen. Er darf sich nicht damit begnügen, den Handwerker aufzufordern, ›leise weiterzuarbeiten‹. Sie brauchen in jedem Fall einen Partner für die technische Organisation vor und während der Veranstaltung, der auch für das Hausrecht zuständig ist.

Die schlagfertige Reaktion

Ihre Rede verantworten Sie dagegen selbst und ebenso alle Reaktionen, die als Antwort auf Ihre Rede erfolgen. Durch Ihren Vortrag und die darin erkennbare innere Überzeugung haben allein Sie es in der Hand, die Versammelten zu führen oder auch deren aktives Handeln zu fördern. Sind Sie ein guter Redner, dann werden Sie von der Zuhörerschaft schnell als Autorität anerkannt.

Zwischenrufe

Sie müssen mit Ablenkungsmanövern und Störungen von Personen rechnen, die zu Ihren Äußerungen in Opposition stehen.

Am häufigsten sind Störungen durch Zwischenrufe, die auch in massiver Form auftreten können. Vor einer dann notwendig werdenden Lösung dieses Problems dürfen Sie sich als Redner nicht drücken.

Es geht dabei jedoch um eine Ausnahme: bei einer Rede mit anschließender Diskussion wird man dem Redner gerechterweise einräumen müssen, daß er zu Ende spricht. Bei Zwischenrufen kann auf die nachfolgende Diskussion verwiesen werden.

Schwieriger sind oft Großveranstaltungen im Saal oder auch Veranstaltungen im Freien, wie sie in politischen Wahlkämpfen durchgeführt werden. Hier herrschen ungleiche Verhältnisse, wenn sich der Redner einer Diskussion nicht stellen mag –, vielleicht aus Zeitmangel, weil er am gleichen Tag an mehreren Orten sprechen muß, oder aus anderen bei ihm und der Thematik seiner Rede liegenden Gründen.

Wenn klärungsbedürftige Fragen ohne Antwort bleiben, wird der Redner in besonderem Maße mit Zwischenrufen zu kämpfen haben. Diese Zwischenrufe kommen in den seltensten Fällen von Gleichgesinnten, meist enthalten sie viel offene Kritik. Ist der Redner nicht in der Lage, mit dem Zwischenruf fertigzuwerden, kreidet man ihm das als Schwäche seiner Person oder Position an.

Aus diesem Grund wird Ihnen jetzt die Technik der Schlagfertigkeit vermittelt, die Sie nicht nur in späteren Reden anwenden sollten, sondern auch auf Ihren privaten oder beruflichen Bereich übertragen können.

Zwischenrufe können die Sporen für einen Redner sein.

Daß manche Redner auf Zwischenrufe geradezu warten oder sie sogar bewußt provozieren, um sich selbst in der Entgegnung darauf zu steigern, ist allgemein bekannt. Wer beneidet oder bewundert nicht einen Redner wegen seiner Schlagfertigkeit? Der starre Stoff einer sorgfältig vorbereiteten Rede wird plötzlich lebendig und farbig; eine spontane Reaktion des Redners bewerten die Zuhörer in jedem Fall positiv, auch wenn sie sich mit dem Inhalt nicht identifizieren.

An einigen Beispielen aus der Praxis sollen Ihnen mögliche Reaktionsweisen auf Zwischenrufe demonstriert werden, die Sie je nach Temperament übernehmen können.

Zwischenruf: »Wir brauchen Männer!«
Entgegnung: »Ganz richtig, Männer brauchen wir und keine Abziehbilder!« (Rainer Barzel, CDU)
Reaktion der Zuhörer: Zustimmendes Gelächter; Sympathie für den Redner.

Erläuterung

Durch die komisch wirkende Gegensätzlichkeit oder karikierend gezeigte Ähnlichkeit zwischen Männern und Abziehbildern und durch das Gelächter ist ein erneuter Einwurf für diesen Moment unmöglich geworden. Eine so schlagkräftige Antwort läßt kein Wortgefecht zu. Der Redner hat dem Zwischenrufer – das ist das Typische bei dieser Art der Entgegnung – formal zwar recht gegeben, ihm aber jeglichen Wind aus den Segeln genommen. Der Vortragende kann mit seinen Ausführungen fortfahren.

Beginnen Sie also in einem ähnlichen Fall immer mit einer Bestätigung, und geben Sie dem Zwischenrufer anscheinend recht, zum Beispiel mit **›Gut so, …‹, ›Ganz richtig, …‹, ›Recht haben Sie, …‹.**

Wie das nächste Beispiel beweist, ist es für einen überzeugenden Redner erforderlich, daß er eine Vielzahl politischer und geschichtlicher Ereignisse einschließlich der dazugehörigen Daten im Gedächtnis gespeichert hat. Um situationsgerecht zu reagieren, muß er das entsprechende Schublädchen sofort ziehen können. Entgegnen wird er dann immer nur knapp und schlagkräftig, aber nicht umständlich oder gar in Form einer Verteidigung.

Daten im Gedächtnis

Zur geschichtlichen Situation dieses Beispiels: im August 1961 wurde während der ADENAUER-Ära (CDU) mitten durch Berlin die Mauer errichtet. 21 Jahre später hält ein SPD-Abgeordneter vor dem Deutschen Bundestag die hier abgedruckte Rede.

Überlegen Sie sich beim Lesen:

- Hat der Abgeordnete die historischen Ereignisse sofort parat und kontert er schlagfertig, mit knappen Worten und konkret?
- Verteidigt er sich nur umständlich und weicht damit dem Angriff aus?

Ein Abgeordneter der SPD sagte vor dem Bundestag kurz vor dem Regierungswechsel 1982 in einer Debatte zur Deutschlandpolitik:

Bundestagsrede

»Es ist das unbestreitbare historische Verdienst der Sozialdemokraten und der Freien Demokraten, dieser Politik der Entzweiung ein Konzept entgegengesetzt zu haben, das wie eine vielschichtige Klammer zwischen Ost und West zum Nutzen von Ost und West nutzen sollte. Im Grund war dies revolutionär und – das kann man ruhig zugeben – selbstverständlich mit vielen Geburtswehen verbunden. Neu war, daß man aufeinander zuging und nicht mehr voreinander weglief, also Wandel durch Annäherung betrieb. Dies wurde die große Hoffnung der Deutschen im geteilten Deutschland. Es war die Hoffnung, daß die Verhältnisse in Deutschland erträglicher werden, daß man sich mehr miteinander verträgt und daß ein Prozeß der Normalisierung einsetzt.«

Zuruf von der CDU/CSU: »Mauer und Stacheldraht!«

Antwort auf Zuruf:

»Wir haben deshalb die Ostverträge geschaffen. Wir haben nach dem Viermächteabkommen ein Vertragsnetz

erstellt. Ich nenne in diesem Zusammenhang das Transitabkommen, das den freien und ungehinderten Zugang von und nach Berlin garantiert. Man muß sich das konkret vorstellen...«

Vergleichen Sie Ihre Lösung mit der nun folgenden Erläuterung und Kritik, sobald Sie die oben zu diesem Beispiel gestellten Fragen beantwortet haben!

Kritik

Der Abgeordnete hat anscheinend die historischen Daten im Moment nicht griffbereit und macht deshalb bei der Antwort auf den Zwischenruf einen entscheidenden Fehler. Er verteidigt sich und seine Genossen in der Wir-Form, statt den Einwand des Zwischenrufers auf dessen eigene Partei zurückzuverweisen:

»Ja, genau, Sie haben . . .«

Auf den unberechtigten Zwischenruf hätte eine schlagfertige Entgegnung gelingen müssen. Der Redner zeigt jedoch kaum eine Reaktion; statt einer scharfen Antwort erfolgt eine lange Verteidigung.

Das Formulieren der Erwiderung

Bei der stets unter Zeitdruck stattfindenden Analyse eines Zwischenrufs gehen Sie von folgenden Fragen aus:

- Wo liegen die Fehler beim Gegner?
- Wann kann zurückgeschossen und mit »Ganz richtig...« entgegnet werden?

Lesen Sie noch einmal die Antwort des Abgeordneten, der wegen momentaner Überraschung unüberlegt mit ›wir‹ beginnt:

»Wir haben deshalb die Ostverträge geschaffen...«

Bei unberechtigten Zwischenrufen sollen Sie blitzartig umschalten können, um das fehlerhafte Denken des Gegners nachzuweisen. In diesem Fall müßten Sie entgegnen:

»Ganz richtig, Sie haben...«

Schreiben Sie jetzt Ihre Formulierung auf und wenden Sie sie später in ähnlicher Weise an.

Eine sinnvolle und schlagkräftige Antwort könnte etwa folgenden knappen Wortlaut haben:

Zwischenruf: »Mauer und Stacheldraht!«

Entgegnung: »Ganz richtig, während der CDU-Regierung gebaut!«

Reaktion: beschämtes Schweigen

Im nächsten Beispiel wirft der Sprecher den an ihn gerichteten Zuruf wie einen Ball zurück und trifft damit das Gegenüber. Die hierzu notwendige Einleitung lautet nicht ›Wir...‹, sondern »Wenn Sie...«

Der damalige Bundeskanzler HELMUT SCHMIDT sagte in der Regierungserklärung am 24.6.82 vor dem Deutschen Bundestag über das EG-Wirtschaftsgipfelgespräch in Versailles:

Regierungserklärung

»...Was es aber nicht geben sollte, und was es nach Versailles mit uns auch nicht geben wird, das ist ein Handelskrieg mit der Sowjetunion.«

Lebhafter Beifall bei der SPD.

»Denn damit könnte eine neue Epoche des kalten Krieges eingeläutet werden.«

Zwischenruf (Dr. ALOIS MERTES, CDU): »Wer will denn den?«

»Wenn Sie ihn auch nicht wollen, haben wir schon ein zweites Stück nationaler Gemeinsamkeit heute morgen, Herr MERTES....«

Bei dieser Antwort auf den Zwischenruf hat der Redner einen wichtigen Punkt beachtet: Während eines Vortrages erreicht man nicht immer die ungeteilte Aufmerksamkeit der Zuhörer. Sie ist eher gegeben, wenn statt der Rede ein Disput zu erkennen ist. Wenn Sie den <u>Namen des Gegenübers</u> ausdrücklich <u>erwähnen</u> und ihm konkret entgegnen, so kann sich kein Zuhörer dem Geschehen entziehen. Man wird sich mit einem der Kontrahenten identifizieren, ist also zur Parteinahme aufgerufen und kann sich nicht mehr als Unbeteiligter zurückziehen.

Entgegnung durch Zurückweisen

Die folgenden Übungsbeispiele werden Ihnen zeigen, daß Sie Schlagfertigkeit durchaus erwerben können. Auch wenn Sie nicht als Redner in der Öffentlichkeit glänzen wollen, können Sie diese Art der Entgegnung auf private und berufliche Belange übertragen, falls ein Gegner Sie mit Worten angreift und Sie sich widersetzen müssen.

Wehren Sie sich, wenn das gegen Sie Vorgebrachte unbegründet ist oder gegen den guten Ton verstößt.

Sie haben bisher schon gesehen, wie der Redner bei unberechtigten Angriffen ohne Umwege von der eigenen Person weg auf den Gegner verweist. Lösen Sie in der gleichen Weise das folgende Übungsbeispiel.

Ein Gesprächspartner hat es darauf angelegt, die vermeintliche Schwäche des anderen, der im Gespräch gelegentlich errötet, auszunutzen und schockiert diesen während einer Unterhaltung mit den Worten:

»Aber Sie werden ja rot!« Peinliche Stille.

Versuchen Sie, sich in die Situation des Angesprochenen zu versetzen. Er ist zwar äußerst schüchtern, muß nun jedoch den Gegner mit einer direkten Anrede aufrütteln und ihn auf dessen eigene Unzulänglichkeit hinweisen. Geht er einer Konfrontation aus dem Wege, wird er sich weitere Frotzeleien gefallen lassen müssen.

Beginnen Sie bei der Entgegnung wie im zuletzt angeführten Beispiel mit den Worten: »Wenn Sie ...«.

Ihre Antwort halten Sie schriftlich fest, um sie später mit den nachstehenden Lösungsvorschlägen zu vergleichen.

Entgegnungen

Die Antwort »Ich kann doch nichts dafür, daß ich rot werde«, die vom ›Ich‹ ausgeht, würde den Gegner wohl kaum zum Nachdenken und damit zum Einlenken bringen. Sie dürfte ihn eher in seinem Verhalten bestärken.

<u>Wirkungsvoll</u> sind dagegen folgende Alternativen:

- »Wenn Sie ein wenig Taktgefühl hätten, würden Sie jetzt auch erröten.«
- »Wenn Sie es als Problem ansehen, daß jemand erröten kann, dann ist das Ihr Problem und nicht das meine.«
- »Wenn Sie jetzt in einen Spiegel schauten, dann würden Sie noch ganz andere Dinge sehen.«

Sie erkennen selbst, daß diese Art der Entgegnung immer nur auf einen Angriff gemünzt ist.

Zustimmung und Widerspruch

Damit Sie auf jeden Fall vorbereitet sind, soll sich ein Übungsbeispiel mit der Bestätigung »Ganz richtig ...« und einer von Ihnen hinzugewählten Ergänzung anschließen. Dazu wird die oben zitierte Rede über Lebensflächenerhöhung für Käfighühner wieder aufgegriffen:

»... Sie sollten sich diese Hühner einmal ansehen. Das sind klägliche Geschöpfe, die von uns ausgebeutet werden, damit der Mensch, der homo sapiens, morgens zu einem billigen Frühstücksei kommt. Wenn Sie diese armseligen Kreaturen nicht zu Sachen abstempeln wollen, sondern als Lebewesen akzeptieren – ich meine dies im christlichen Sinne –«

Zwischenruf: »Christliche Hühner.«

Hier sind zwei Erwiderungen möglich:

»Christliche Hühner, ganz richtig, aber auch ...«

oder

»Christliche Hühner, ganz richtig, und keine ...«

Lösungsmöglichkeiten

Ergänzen Sie bitte den Text dieser Erwiderungen und vergleichen Sie sie mit den angeführten Lösungen.

In der ersten Entgegnung bietet es sich an, das vom Zwischenrufer benutzte Vokabular zu verwenden, um es gegen ihn zu kehren:

»Christliche Hühner, ganz richtig, aber auch christliche Menschen ...«

Dagegen wiederholt die zweite Möglichkeit, jedoch in zurückschlagender Weise, einen in der eigenen Rede bereits ausgesprochenen Gedanken:

»Christliche Hühner, ganz richtig, und keine ausgebeuteten Geschöpfe!«

In beiden Fällen haben Sie als Redner auf den spöttisch gemeinten Zwischenruf hinreichend geantwortet.

Die Macht der Zwischenrufer

Es ist manchmal nur notwendig, genau das im Auge zu haben, was man selbst gesagt hat, um den Gegner auf seine Unaufmerksamkeit hinweisen zu können. Dies gelingt dem Redner aber nur, wenn er geistesgegenwärtig genug ist.

An dem Redebeispiel aus einer Bundestagsdebatte zur Aufstellung der Pershing-II-Raketen werden Sie beim Lesen selbst erfahren, wie leicht sich ein Redner durch Zwischenrufe aus dem Konzept bringen lassen kann und wie er danach völlig verloren ist. Beobachten Sie auch, wie die Zurufer die Rednerin in die Hand bekommen und sie keine Möglichkeit der Entgegnung findet.

Nach dem Lesen des Textes sollen Sie versuchen, auf den ersten Zwischenruf so selbstsicher als Redner zu reagieren, daß der andere sich geschlagen gibt und kein zweiter Zwischenruf erfolgt.

Lesen Sie den folgenden Text und unterstreichen Sie den ersten Satz. Behalten Sie ihn im Gedächtnis, damit Sie als Redner auf Ihre eigenen Worte zurückgreifen können, wenn ein Zwischenruf das verlangt.

Bundestagsdebatte

Eine Abgeordnete der CDU äußerte in der Bundestagsdebatte vom November 1983 über den Vollzug des NATO-Doppelbeschlusses:

»Wer hier im Westen für sich beschlossen hat, notfalls den Rest seines Lebens unter kommunistischer Herrschaft zu verbringen, und damit bereit ist, sein Christentum einer Feuertaufe auszusetzen, wie mir immer gesagt wurde, der sollte eigentlich meinen jetzigen Vorschlag nicht für unzumutbar halten. Wer einen ganz persönlichen ernsthaften Beitrag zum Frieden in Freiheit verbringen will, der sollte hier und heute beschließen, für ein Jahr in die DDR zu gehen, dort zu leben, und mit seinem persönlichen mutigen Eintreten für Menschenrechte und Christenfreiheit helfen, die Lebensbedingungen der DDR-Bürger zu verbessern. Ab morgen schon können Tausende engagierter Westdeutscher Christen – ich hoffe mindestens auf 10 000 – Einreiseanträge stellen und für den Fall ihrer Ablehnung, der leider wahrscheinlichen Ablehnung, wenigstens maximale Besucherzeiten von 6 bis 8 Wochen ausschöpfen. Immer wieder, wenn einer gehen muß, sollten andere ihm folgen –«

Zwischenruf (ANTJE VOLLMER, Grüne): »Fangen Sie doch erst mal an!«

Antwort auf den Zwischenruf: »Wagen Sie es, wenigstens ein Jahr Ihres Lebens auch unter persönlichen und materiellen Opfern – ich rede zu Idealisten, ich rede nicht zu Ihnen, meine Damen und Herren von den Grünen – ganz in den Dienst der sozialen Verteidigung unter einer kommunistischen Diktatur zu stellen –«

Zwischenruf (DIETER BURGMANN, Grüne): »Gehen Sie doch rüber, wenn Sie keine Raketen wollen!«

Antwort: »Prüfen Sie sich selbst ein Jahr lang, auf Ihre persönliche Wahrhaftigkeit, auf Ihre Glaubensstärke und Ihre Standhaftigkeit! Seien Sie bereit, notfalls aufgrund einer friedlichen Friedensdemonstration in der DDR dort ins Gefängnis zu wandern!«

Aufbau einer Entgegnung

Die Rednerin im Bundestag verhält sich rhetorisch nicht geschickt und provoziert einen neuen Zwischenruf, indem sie es versäumt, sich mit ihren eigenen Worten selbst zu zitieren.

Fertigen Sie jetzt schriftlich eine Entgegnung auf den Zwischenruf an, und nehmen Sie dazu den ersten Satz der Rede zu Hilfe. Sie greifen also bei der Erwiderung auf Ihre eigenen Worte zurück. Das ist natürlich bei Schachtelsätzen fast unmöglich, und hier liegt in unserem Beispiel auch ›der Hund begraben‹.

Sprechen Sie in Ihrer Entgegnung den Zwischenrufer möglichst mit Namen an, und machen Sie ihn darauf aufmerksam, daß er nicht richtig zugehört habe. Mit dieser eindeutigen Erwiderung vermeiden Sie bestimmt einen zweiten Zwischenruf.

Wenn Sie Ihre Antwort gefunden haben, vergleichen Sie sie mit den beiden Lösungsmöglichkeiten.

Mögliche Erwiderungen

»Ganz richtig, liebe Frau Kollegin, fangen wir es gemeinsam an!«

»Wenn Sie, Frau Kollegin V., aufmerksam zugehört hätten, wäre Ihnen sicher nicht entgangen, daß ich gesagt habe: ›Wer hier im Westen für sich beschlossen hat, notfalls den Rest seines Lebens unter kommunistischer Herrschaft zu verbringen, der sollte eigentlich meinen jetzigen Vorschlag nicht für unzumutbar halten.‹«

Vermeiden von Zwischenrufen

Wie Sie gelernt haben, gehören zum Vorbereiten einer Rede, besonders einer Überzeugungsrede, auch Überlegungen zum Eingehen auf mögliche Gegner. Von jenen, die zu ihren Ansichten in Opposition stehen, dürfen Sie keine Nachsicht erwarten. Besonders dann nicht, wenn Sie in einer Auseinandersetzung provozierende Sätze äußern.

Stellen Sie sich als Redner auf Ihren Gegner ein.

Manchmal ist es klug, Textstellen, die einen Zwischenruf herausfordern, aus der Rede zu streichen. Zwischenrufe können so gewichtig sein, daß sie den Erfolg einer Rede ernsthaft gefährden.

Aus einer hektischen Phase der politischen Auseinandersetzung in Bonn, kurz vor dem Regierungswechsel im September 1982, stammt das erhellende Beispiel eines provozierten Zwischenrufes, auf den keine Antwort mehr möglich ist:

WILLY BRANDT (SPD):

»Herr Kollege KOHL, die aus den Abgeordneten der CDU/CSU bestehende gegenwärtige Opposition sollte sich nicht zu früh freuen. Nicht jeder, der auf eine Erbschaft scharf ist, kommt wirklich auf seine Kosten –«

Zwischenruf HELMUT KOHL (CDU): »Herr BRANDT, dann muß aber eine Erbschaft da sein!«

Peinliche Stille.

Der unverständliche Zwischenruf

Zwischenrufe, die bei einer größeren Veranstaltung oder auch bei einer Versammlung im Freien aus den hinteren Reihen kommen, werden am Podium vom Redner vielfach akustisch nicht verstanden. Wie soll der Redner rhetorisch darauf reagieren?

Abgesehen davon, daß Sie Zwischenrufe ganz einfach überhören können, bieten sich in der Praxis zwei Alternativen an:

- Sie nehmen den akustisch nicht verstandenen Zwischenruf anscheinend auf, schlagen aber nur blind zurück.
- Sie bitten um Wiederholung des Zurufs und können inzwischen Ihre Antwort vorbereiten.

Es ist eine Sache der persönlichen Einstellung, des Stils und des Taktgefühls, ob Sie den Zwischenruf ins Leere hinein erwidern, um mit seiner Hilfe Ihre eigene

Rede zu heben, oder ob Sie den nicht verstandenen Einwand wiederholen lassen, um nachträglich durch die Antwort Klärung zu verschaffen.

Im wesentlichen bleibt es dem Redner überlassen, sich für eine der beiden Möglichkeiten zu entscheiden. Bedauerlicherweise kann jedoch mit der ersten oft der größere Erfolg verbucht werden. Lesen Sie dazu das folgende authentische Beispiel.

Zwischenruf bei einer Wahlveranstaltung: » – – – «
(vom Redner akustisch nicht verstanden)
Entgegnung: »Lassen Sie ihn ruhig schreien. Es ist besser, er schreit hier als zu Hause!« (Helmut Kohl, CDU)
Reaktion der Anhänger: Lautes Gelächter.

Erläuterung

Dieser Stil hat den Vorteil, daß der Redner durch den Zwischenruf nicht aus dem Konzept kommt. Er braucht auf die Gedanken des Zwischenrufers nicht einzugehen und weicht damit jeglichem Dialog aus.

Fairerweise müßte man sich jedoch an die zweite Alternative halten: man läßt den Zwischenruf wiederholen. Er kann ja auch dazu beitragen, das eigene Anliegen verständlicher vorzubringen. Es ist allemal besser, einen Menschen zu akzeptieren und durch eine angemessene Antwort zu korrigieren, als ihn der Lächerlichkeit preiszugeben.

Der unannehmbare Zwischenruf

Die Frage zum Vollzug des NATO-Doppelbeschlusses löste im November 1983 eine der hitzigsten Debatten im Deutschen Bundestag aus. Beobachten Sie, wie die Redner mit den Zwischenrufen umgehen.

Bundestagsdebatte

WERNER MARX (CDU):

». . . Meine Damen und Herren, der Herr Kollege BRANDT hat sich mit dem wahrhaft erstaunlichen Hinweis entschuldigt, er sei ja eigentlich schon immer gegen diese Nachrüstung gewesen, er habe sich aber öffentlich dafür ausgesprochen, um damit Herrn SCHMIDT das Weiterregieren zu ermöglichen.

Meine Damen und Herren, Sie können daraus ersehen, was eines solchen Parteiführers Wort wirklich wert ist. Den-

ken Sie auch daran, daß jenen jungen Menschen, die oft an der Aufrichtigkeit von Politikern zweifeln, ein verabscheuungswürdiger Hinweis – ich wiederhole, ein verabscheuungswürdiger Hinweis – auf die Berechtigung ihrer Zweifel geliefert worden ist –«

JÜRGEN REENTS (Grüne):

»Ein Glück, daß Sie von der deutschen Jugend geliebt werden! Herr MARX, Sie sind ein Vorbild!« – (weitere Zurufe)

»Ich höre hier von dieser Seite oft Kaschemmenton, aber ich bitte zu verstehen: Ich kann mich auf diese wenig artikulierten und vor allen Dingen dem geistigen Niveau nicht entsprechenden Zwischenrufe nicht einlassen....

Ich bin einer, der nach sechs Verwundungen und zu 90 %, also schwer kriegsbeschädigt, in der Tat weiß, was die Furie des Krieges anrichten kann – an materieller, an seelischer und an moralischer Verwüstung –«

DIETER BURGMANN (Grüne):

»Das haben wir draußen gelernt!«

»Ich weiß nicht, woher Sie immer noch den Mut nehmen, in diesem Augenblick diese völlig unqualifizierten Zwischenrufe zu machen....«

Ein weiteres Beispiel aus derselben Debatte:

JÜRGEN TODENHÖFER (CDU):

»... Unsere Sicherheitspolitik, unsere Verteidigungspolitik –«

Zurufe von den Grünen.

»Meine Damen und Herren, ich muß jetzt noch einmal eine ganz persönliche Bemerkung zu Ihnen, den Grünen machen. Sie treten hier als Vertreter der Friedensbewegung auf. So unfriedliche und so gehässige Zwischenrufe wie Ihre habe ich in Debatten des Deutschen Bundestages in den 11 Jahren, die ich diesem Hause angehöre, nie erlebt. Ich habe nie etwas so Unfriedliches erlebt wie diese ›Friedensbewegung‹, die da unten sitzt.«

Beifall bei CDU/CSU und FDP; Zurufe von den Grünen.

»Es ist ja allein schon gegen Ihr lautes Geschrei nicht mehr anzukommen. Der vokale Terror, den Sie hier inszenieren, ist unerträglich, er ist des deutschen Parlaments völlig unwürdig.«

OTTO SCHILY (Grüne): »Wir hören doch ganz ruhig zu!«

Arbeitshinweise

Die beiden Reden sind hier auszugsweise ohne Kommentar angeführt. Lesen Sie beide Reden noch einmal mit einem Partner in verteilten Rollen, und engagieren Sie sich im Vortrag, als ständen Sie gerade selbst in der Debatte. Benutzen Sie dazu Ihre gesamte Ausdrucksfähigkeit wie Mimik, Gestik und Dynamik.

Lernerfolg

Die Lernziele von Kapitel 12

Anhand des Beispielmaterials haben Sie für Ihre spätere Redepraxis gelernt:

- Für den technischen und organisatorischen Teil eines Vortrages benötigen Sie einen Partner am Ort des Geschehens.
- Zu diesem Organisator, der den Veranstalter vertritt, nehmen Sie vor Ihrer Rede früh genug Kontakt auf.
- Ihr Partner ist für alles verantwortlich, was außerhalb des Inhalts Ihres Vortrags liegt.
- Sie selbst stellen vor Beginn Ihrer Rede Ordnung her.
  in Ihren Unterlagen (Manuskript, Tabellen),
  im Begleitmaterial (Lichtbilder, Overheadfolien),
  in der Einschätzung der Aufgeschlossenheit des Publikums.

Sie haben Beispiele zur Bewältigung von Zwischenruf-Störungen kennengelernt und können sich in einer späteren Problemsituation daran orientieren:

- Aufnahme eines Zwischenrufes während einer Rede und überlegte Reaktion und Beantwortung.
- Beim Erkennen des Zwischenrufers möglichst namentliche Anrede bei der Entgegnung.
- Vermeiden einer persönlichen Betroffenheit aufgrund des Zwischenrufs.
- Zurückschießen durch Umschalten der Abwehrhaltung auf eine Angriffshaltung bei unberechtigten Angriffen.
- Anwenden der Selbstbehauptung durch sprachliche Entgegnung.
- Vermeiden der Provokation von Zwischenrufen, auf die sachlich nicht ausreichend reagiert werden kann.
- Erfassen eines nichtverstandenen Zwischenrufs durch die Bitte um Wiederholung.
- Entgegnung und notfalls Zurechtweisung bei unpassenden oder unqualifizierten Zwischenrufen.

Hätten
wir das Wort,
hätten wir Sprache,
wir bräuchten die Waffen nicht.

Ingeborg Bachmann

KAPITEL 13

Grundlagen der Diskussionsführung

Aktiv an einer Diskussion teilzunehmen, setzt voraus, daß Sie mit anderen über ein allgemein interessierendes Thema zu sprechen bereit sind. Dabei ist ›Zuhören-Können‹ und ›Reden-Wollen‹ in gleicher Weise wichtig und nicht voneinander zu trennen. Ein Austausch von Gedanken kommt erst dadurch zustande, daß die Partner die Bereitschaft zur Verständigung zeigen. Bei Veranstaltungen in der Öffentlichkeit kommt hinzu, daß sie sich zum neutralen Treffpunkt begeben müssen, das ist oft ein beträchtlicher Aufwand.

Natürlich ist es heute leicht, eine Diskussion auf dem Bildschirm zu verfolgen. Aber überlassen Sie nicht das Weltgeschehen anderen und vielleicht den falschen Personen, wenn Sie es versäumen, zu politischen Versammlungen unterschiedlicher Art zu gehen?

Mut zum Gefühl

Um die bei einer Diskussionsveranstaltung Erschienenen zum Mitdenken und zu den erforderlichen Wortmeldungen anzuregen, braucht nur ein einziger Anwesender zu Beginn genügend geistigen Sprengstoff zu liefern. Diesen Anstoß könnten Sie geben. Dazu genügt, daß Sie ein einziges Mal Ihre persönlichen Gefühle mit leicht faßlichen Worten ausdrücken. Hier wird nicht verlangt, daß Sie ein großer Redner sind, sondern lediglich, daß Sie sich ehrlich und mutig den anderen gegenüber mitteilen. In der folgenden Darstellung soll dies erläutert werden.

Beispiel

In einer Diskussion über den Katastrophenschutz in Einzugsgebieten von Kernkraftwerken hatte sich ein Redner zum Thema ›Was tun, wenn die Sirenen heulen‹ nicht mehr einfallen lassen, als einen halbstündigen Vortrag über die Gliederung des Katastrophenschutzes (Rangfolge der Ämter und Amtsinhaber) zu halten. Dazu zeigte er Bilder einer heilen Welt im Sonnenschein: Neubauten mit steuerlich begünstigten Schutzkellern, ferner sah man graphisch vereinfachte Darstellungen von wandernden Atomwolken und ihren unvermeidlichen Auswirkungen.

Während dieses Vortrages meldete sich jemand spontan zu Wort:

»Ich weiß gar nicht, wie die Anwesenden hier im Raum es aushalten, diese heilen Bilder zum Katastrophenthema so ruhig an sich vorbeiziehen zu lassen. Denkt denn hier überhaupt niemand mit?«

Dies war ein vielleicht übertriebener, aber notwendiger Gefühlsausbruch. Man konnte nach dieser Äußerung auf den Gesichtern der Anwesenden ablesen, wie sie plötzlich erwachten und mobil wurden.

Wortbeitrag

Die meisten Menschen glauben, daß sie als Einzelpersonen nichts ausrichten können. Daß diese Annahme nicht stimmen muß, sehen Sie an dem erzählten Beispiel. Die Frauen mögen sich hier besonders aufgefordert fühlen, sich zu Wort zu melden. Sie sind anscheinend eher als die Männer in der Lage, ihre Gefühle auszudrücken.

Falls Sie sich noch als Anfänger verstehen: nehmen Sie sich vor, daß Sie bei einer Diskussion mindestens einen Wortbeitrag leisten, den Sie sich anfangs wörtlich, oder schon stichwortartig vorher notiert haben. Den genauen Wortlaut Ihrer Meldung sollten Sie nicht festhalten, da Ihr Redebeitrag sicher vom Fortgang der Diskussion abhängig ist; also werden Sie auch Bemerkungen der Vorredner in Ihrem Beitrag berücksichtigen. Sie werden erkennen, wie Sie sich von Diskussion zu Diskussion steigern. Am Beispiel der anderen Redner werden Sie erfahren, daß Sie klugerweise Schriftstücke oder andere Notizen mitnehmen, auf die Sie sich mit Ihren Argumenten beziehen, die Sie aber auch wörtlich zitieren können.

Die Gesprächsleitung

Vermutlich werden Sie sich erst nach reiflicher Überlegung und häufiger Teilnahme an Diskussionsveranstaltungen einmal sebst zutrauen, als Diskussionsleiter aufzutreten. Dies ist verhältnismäßig leicht, wenn es sich um eine Auseinandersetzung am runden Tisch handelt. Hier werden – im Gegensatz zu einer Debatte, bei der es anschließend zu einer Abstimmung und damit zu einer Entscheidung kommt – lediglich alle mitteilenswerten Meinungen zusammengeführt und einander gegenübergestellt. Eignen Sie sich daher für Ihre Aufgabe möglichst viele Informationen zur betreffenden Thematik an; denn als Diskussionsleiter bestimmen Sie weitgehend den Verlauf des Gesprächs. Sie bilden das Rückgrat der Diskussion.

Aufgaben des Diskussionsleiters

Während der Veranstaltung warten mehrere Aufgaben auf Sie:

- Sie sollten gründlich über das Thema informiert sein, haben jedoch in der Diskussion selbst nur eine vermittelnde Funktion. Sie beteiligen sich also nicht mit eigenen Beiträgen, sondern stellen Ihre persönliche Meinung hinter Ihre Funktion als Diskussionsleiter zurück.
- Sie führen die Gesprächsteilnehmer in Thema und Fragestellung ein, damit die Diskussion in Gang kommen kann und nicht gleich ins Stocken gerät.

Häufig wird eine Diskussion an den Schluß einer Rede oder eines Vortrages gelegt, damit die Zuhörer vorher genügend Informationen zum behandelten Thema erhalten. Es hängt von der Qualität des Redners ab, ob hinterher alle Zuhörer so gefangen sind, daß niemand im Publikum die erste Frage stellen mag: Alles schweigt, und es entsteht eine peinliche Pause. Man weiß nicht recht, ob man warten oder besser nach Hause gehen soll.

Auch der Schriftsteller UWE JOHNSON blieb bei einer Lesung nicht von einer solchen Panne verschont. Auf das bedrückte Schweigen, das seiner Bitte um Diskussionsbeiträge und Fragen folgte, reagierte er spontan und löste das Problem durch einen humorvollen Einwurf:

»Dann will ich mir die erste Frage selbst stellen. Ist mein Roman ›Jahrestage‹ autobiographisch gemeint?«

Es ist die Aufgabe des Diskussionsleiters, das Gespräch zu eröffnen. Er oder der Redner sollten eine Einstiegsfrage oder mehrere Überbrückungsfragen in seine Vorbereitung aufnehmen, um für den Fall eines allgemeinen Schweigens gerüstet zu sein.

Einfühlungsvermögen

Als Diskussionsleiter brauchen Sie vor allem Einfühlungsvermögen:

- Man verlangt von Ihnen äußerste Aufmerksamkeit sowie vermittelnde Konsequenz, falls widerstreitende Meinungen aufeinanderprallen oder falls es zu persönlichen Angriffen kommen sollte. Diese rechtzeitig aufzufangen und darauf hinzuweisen, daß sachlich argumentiert werden möge, ist Ihre Aufgabe.
- Sie haben die verschiedenen Standpunkte der Redner zu erfassen, möglichst viele Teilnehmer an der Diskussion zu beteiligen (Rednerliste) und anschließend die Einzelbeiträge zusammenzufassen.
- Fertigen Sie sich Notizen an, damit Sie einen klaren Überblick behalten.
- Als Diskussionsleiter sollten Sie das Thema so gut überschauen, daß Sie abschweifende Diskussionsteilnehmer zum Kernproblem zurückführen können, ohne sie vor den Kopf zu stoßen.
- Sie benötigen ein sicheres Zeitgefühl. Notfalls müssen Sie auf die Einhaltung der Redezeit drängen oder in Ausnahmefällen gar das Rederecht entziehen, um in der vorgegebenen Zeit möglichst konkrete Ergebnisse zu erzielen.

Die Podiumsdiskussion

Werden Sie zum ersten Mal als Diskussionsleiter für eine Podiumsveranstaltung vorgeschlagen, dann ist das kein Grund zur Panik. Es wird für Sie eine schöne Aufgabe, die Sie durch freundlichen Umgang mit den beteiligten Menschen zu aller Zufriedenheit schaffen werden. Am Ort des Geschehens können Sie vor der eigentlichen Diskussion an den Tischen der Zuhörer vorbeigehen und bereits die ersten Wortmeldungen einfangen oder anregen:

»Haben Sie hier am Tisch schon Fragen vorbereitet?«

Durch dieses Bemühen gewinnen Sie bei den Zuhörern Vertrauen.

Sitzen die Zuhörer in Reihen, kann ebenfalls vorher Kontakt aufgenommen werden. Hier wird noch nicht nach dem Inhalt gefragt, sondern nur, ob schon Fragen vorhanden sind.

Sie nehmen den Zuhörern die vielleicht vorhandene Befangenheit und verhindern gleichzeitig das Stocken der Diskussion bereits zu Beginn.

Der Veranstaltungsbeginn

Nach einigen einführenden Worten stellen Sie die Damen und Herren auf dem Podium vor. Diese sitzen rechts und links von Ihnen, Sie selbst als Diskussionsleiter in der Mitte. Beginnen Sie das Vorstellen bei der am weitesten rechts von Ihnen sitzenden Person, und gehen Sie dann der Reihe nach vor. Gebräuchlich ist heute auch die Vorstellung nach dem Alphabet, um ›Machtkämpfe‹ zu vermeiden.

Nach der Vorstellung der Teilnehmer nennen Sie die vom Veranstalter oder von Ihnen vorbereiteten Fragen und Probleme. Dann fahren Sie fort:

»Zunächst wollen wir die Meinung von Frau Dr. A hören, anschließend interessieren wir uns sicher alle für die Stellungnahme der XX-Partei.‹

Damit geben Sie dem nächstfolgenden Redner die Möglichkeit, sich ein wenig vorzubereiten. Ist die Experten-Diskussion beendet, werden die Fragen der Zuhörer beantwortet:

»Ich möchte Sie bei Tisch Nr. XY bitten, die erste (nächste) Frage zu stellen.«

Es ist Sache des Veranstalters und des Diskussionsleiters, ob Zwischenfragen aus dem Publikum bereits während der oben skizzierten Podiumsdiskussion erlaubt sind und entsprechend beantwortet werden.

Sie werden keine Fragen ablehnen, solange sie sich innerhalb des gesteckten Rahmens bewegen.

In vielen Fällen kommen die Fragen aus dem Publikum spontan, da Sie ja bereits vor der Veranstaltung Kontakte zu den Anwesenden hergestellt hatten. Ihre Aufgabe als Diskussionsleiter ist es jetzt, die Meldungen der Reihe nach aufzunehmen und dabei jede Frage schriftlich oder mündlich zum Beantworten weiterzuleiten, selbst wenn die Antwort für Sie noch so klar erschiene.

Bürgerversammlung

Um Bürgerversammlungen genügend Gewicht zu geben, veranstalten Politiker in diesem Zusammenhang häufig Podiumsdiskussionen. Zusätzlich sucht man eine größere Öffentlichkeit durch das Medium Fernsehen zu erreichen, das die Diskussion im Regionalprogramm unter dem Thema »Stadtgespräch« überträgt.

Zu einer solchen Diskussion waren einmal eingeladen: der Landrat, der Bürgermeister, je ein Vertreter der politischen Parteien und als Zuhörer alle interessierten Einwohner, Nachdem Fragen zu Umweltproblemen, verkehrstechnischen Verbesserungen, Umbau von öffentlichen Gebäuden und ähnlichem gestellt und beantwortet worden waren, las der Diskussionsleiter eine von außerhalb schriftlich eingereichte Frage vor:

»Was kann man gegen das ›Katzenklauen‹ in unserer Gemeinde tun? Mir sind schon drei Katzen gestohlen worden!«

Die Frage löste bei den Zuhörern im Saal schallendes Gelächter aus. Dies schließt jedoch eine verständnisvolle Reaktion des Diskussionsleiters nicht aus. Als Kommentar zu den Emotionen des Publikums und zu den berechtigten Interessen des Fragers reagierte er souverän und sachlich:

»Ja, auch diese Frage werden wir beantworten können. Darf ich sie an Herrn Bürgermeister Müller weitergeben?«

Zeiteinteilung

Leider gibt es bei Podiumsveranstaltungen oft zu viele Fragen und Wortmeldungen für die zur Beantwortung vorhandene Zeit. Der Kampf des Diskussionsleiters gegen die Uhr wird die Folge sein. Damit entsteht der Eindruck, es handle sich nur noch um eine Pseudodiskussion. Um dies zu vermeiden, sollten Sie bei der Planung vorausdenken und sich überlegen, wieviel Zeit die Themen der Diskussion jeweils beanspruchen.

Ein pünktlicher Beginn der Veranstaltung trägt zur Zufriedenheit aller bei.

Was ist aber zu tun, wenn die Anfangszeit bereits um fünfzehn Minuten überschritten wurde und eines der Mitglieder der Diskussionsrunde noch immer nicht erschienen ist? Diese Verzögerung zu überbrücken, wird der Diskussionsleiter gerade noch geschafft haben. Ob danach noch länger verweilt werden soll, läßt sich am besten nach Befragen der Diskussionsteilnehmer entscheiden.

Abschluß einer Diskussion

Für Sie als späteren Diskussionsleiter sollen nun noch einzelne Punkte geklärt werden, die sich aus der Verschiedenartigkeit von Diskussionsthemen ergeben.

Bei einer nicht themenbezogenen Veranstaltung wie dem ›Stadtgespräch‹ wird sich eine Zusammenfassung des Diskussionsergebnisses erübrigen. Es werden zu viele Bereiche berührt, als daß der Diskussionsleiter alles in knappen Sätzen zusammenfassen könnte.

Anders ist das bei einer Veranstaltung mit Diskussionsschwerpunkt. Die unterschiedlichen Beiträge, die das Thema aus verschiedener Sicht beleuchten, verlangen vom Diskussionsleiter am Schluß der Veranstaltung einen Überblick zum Stand der Auseinandersetzung. Oft ist sogar eine Art Zwischenbilanz bereits während der Diskussion notwendig. An diesen beiden Stellen trägt der Diskussionsleiter in knapper Form alles das vor, was die Teilnehmer mit vielleicht unterschiedlichen Meinungen und auseinandergehender Argumentation gesagt haben.

Mit dieser Zusammenfassung ist die Veranstaltung aber noch nicht abgeschlossen. Zuhörer und Podiumsgäste haben vielleicht neue Erkenntnisse gewonnen und Anregungen erhalten, die eine Fortsetzung der Diskussion in späterer Zeit wünschenswert erscheinen lassen. Deshalb danken Sie allen Beteiligten für das rege Interesse, die aktive Mitarbeit und die faire Diskussion und verabschieden sich mit einer Anrede:

»... damit ist die Diskussion für heute abgeschlossen. Wir bedanken uns und wünschen Ihnen einen angenehmen Heimweg.«

Der feste Standpunkt

Wenn Sie an einer Diskussion teilnehmen, wollen Sie vermutlich Ihre Meinung durchsetzen. Bei vielen Menschen ergibt sich hier bereits das erste Problem: sie können ihre Gedanken und Argumente nicht richtig anbringen und werden von ihrem Gegenüber sofort ›an die Wand‹ geredet. Als Ursache der Niederlage sehen sie die eigenen Argumente; ihre Formulierungen werden immer vorsichtiger und unsicherer. Sie entschuldigen sich fast, indem sie im Konjunktiv, also in der Möglichkeitsform, beginnen:

»Ich würde sagen...«

»Könnte es nicht auch sein, daß...«

»Vielleicht sollte man einmal anregen, daß...«

»Eigentlich kann man auch dazu meinen...«

Konkrete Aussage

Wohl niemand kann sich Sachargumenten anschließen, wenn sich der Vortragende bereits zu Beginn selbst einschränkt oder sich gar vorsichtshalber distanziert, indem er bewußt oder unbewußt Konjunktive verwendet.

Wie aber vertreten Sie einem Gesprächspartner gegenüber eine Meinung, die von Ihnen belegt werden kann, zu der jedoch eine gegenteilige Auffassung möglich ist?

Gehen Sie in Ihrem ersten Satz auf den Beitrag Ihres Gesprächsgegenübers ein, gegebenenfalls können Sie sachlich zusammenfassen. Stellen Sie im Anschluß daran aber Ihre Auffassung als feste Meinung konsequent dar. Verwenden Sie dazu eine konkrete Aussage im Indikativ (Wirklichkeitsform), aus der Ihr Standpunkt zu erkennen ist.

Sicherheit zu Beginn

Nicht nur Ihr selbstsicheres Auftreten, sondern auch der Satzbeginn und die Formulierung Ihrer Beiträge bewirken, daß Sie beim Hörer ›ankommen‹. Jeder Diskussionsteilnehmer kennt das Problem, einen treffenden Anfang für das Entfalten seiner Gedanken zu finden.

Machen Sie sich zunächst noch einmal die Unterschiede der möglichen Formulierungen bewußt.

»Wir alle stehen auf dem Standpunkt...«
»Es ist nicht einzusehen...«
»Ich bin der Meinung...«

Richtig

»Könnte es nicht auch so sein, daß...«
»Ich möchte nicht sagen...«
»Ich würde ja meinen...«

Falsch

● Bei Debatten oder Diskussionen läßt sich auf einem Konjunktiv kein standhaftes Argument errichten. Benutzen Sie deshalb Wendungen im Indikativ, die Ihnen einen günstigen Einstieg vermitteln und ein Fundament geben, von dem aus Sie argumentieren können.

In den folgenden Übungen wird Ihr Arsenal an Formulierungen systematisch erweitert. Durch ihre Verwendung zu Beginn eines Gedankens werden Sie sie in einer Diskussion selbstbewußt und präzise einsetzen können. Die meisten der hier festgehaltenen Satzanfänge sind Bundestagsdebatten entnommen und als Rüstzeug für die Arbeit eines Redners anzusehen.

Satzanfänge

Wir wissen alle, daß...
Ich frage mich, ob...
Wir befürchten, daß...
Es ist sicher, daß...
Wir aber stehen auf dem Standpunkt...
Ich möchte noch eine Sache hinzufügen...
Sie wissen es, und nie habe ich verschleiert...
Wer rechnen kann, wird sofort erkennen, daß...
Wiederholt ist darauf hingewiesen worden, daß...
Aber, meine Damen und Herren, es kommt noch etwas hinzu...
Wer aufmerksam zugehört hat, wird erkannt haben, warum...
Sie haben hier gesagt..., aber ich füge jetzt hinzu...
Ich glaube, ich habe bereits sehr deutlich gemacht, weshalb...
Vielfach wird übersehen, daß...
Wir sind überzeugt davon, daß...
Wir haben nie verschwiegen...
Sie haben hier gesagt, daß...
Niemand zweifelt im Ernst...
Mit Recht wird verwiesen auf...

Es ist nicht zu verstehen, daß...
Es ist darum auch nicht richtig, wenn...
Daraus folgt, meine sehr verehrten
Damen und Herren,...
Dem aufmerksamen Zuhörer wird nicht entgangen sein, weshalb...
In Zukunft wird man sich überlegen müssen, ob...
Es ist nicht die richtige Auffassung, wenn...
Es ist darum nicht einzusehen, warum...
Wir haben niemals behauptet, nur...
Ich brauche Ihnen doch in diesem Zusammenhang nicht klarzumachen, weshalb...
Wenn Sie Ihre Verantwortung ernst nehmen, dann...
Woher nehmen Sie den Hochmut zu behaupten, daß...
Ich halte dies, schlicht gesagt, für einen Skandal, wenn...
Die Gegenpartei hat hier unter anderem die Frage aufgeworfen...
Es muß in der Tat unglaubwürdig erscheinen, wenn...
Vielleicht ist es doch notwendig, in diesem Kreis eine Bitte zu äußern...
Ich meine, es ist gut, wenn man darauf hinweist, daß...
Ich will dies in aller Ruhe sagen und ohne die Absicht, etwa hier Öl ins Feuer gießen zu wollen...
Hier muß noch einmal erinnert werden an...
Sie müssen das vor allem vergleichen mit...
Ich brauche Ihnen doch in diesem Saale nicht zu sagen, daß...
Ich verweise in diesem Zusammenhang noch einmal auf...
Das letzte Problem, das ich hier vor Ihnen ausbreiten möchte, ist...

Kreuzen Sie unter den oben angeführten Satzanfängen etwa zehn Beispiele an, die Ihnen zusagen. Lesen Sie jeweils einen so markierten Satzbeginn laut vor, sprechen Sie ihn aus dem Gedächtnis laut nach, und vervollständigen Sie im Sprechen den angefangenen Satz beliebig:

»Es ist nicht einzusehen, warum –
die Straßenbahn schon wieder teurer wird.«

Partnerarbeit

Eine gute Lernmöglichkeit besteht auch hier in der Partnerarbeit. Gehen Sie dabei der Reihenfolge nach die genannten Satzanfänge durch, wechseln Sie beim Sprechen aber mit Ihrem Gegenüber ab. Jeder liest einen beliebigen Satzbeginn laut vor, spricht ihn aus dem Gedächtnis laut nach und beendet den Satz schließlich sinnvoll. Der Partner kann danach mit einem neuen Satzbeginn und entsprechender Weiterführung entgegnen oder wechselt zu einem anderen Thema über.

Für den Rhetorikschüler kann ein angelernter Redebeginn gute Voraussetzungen für eine sachliche Argumentation schaffen. Erfahrungsgemäß steigen Anfänger emotional in eine Diskussion ein, bis sie von der Gegenpartei zur Sachlichkeit aufgefordert werden.

- Als Lernender verausgaben Sie beim Verwenden eingeübter Satzanfänge Ihre Kräfte weniger als in Gefühlsausbrüchen.
- Nach einiger Übung wird es Ihnen leichtfallen, sich täglich zwei oder drei der oben angeführten Anfangsformulierungen einzuprägen und diese bei Gesprächen zu verwenden.

Sprachliche Weiterführung

Angenommen, Sie haben eine Formulierung in der folgenden Art weitergeführt, um in einem Gespräch entgegnen zu können:

»Es ist richtig, und niemand wird daran zweifeln, daß ein Redner ein großes Sprachgefühl entwickeln muß.«

Diesen Anfang sollten Sie kritisch beurteilen. Spüren Sie, daß eine Erwiderung nicht mit diesem einzigen Satz zu Ende sein kann? Es muß noch der Gedanke folgen, den der Sprecher eigentlich ausdrücken möchte.

Der zitierte Satz scheint in der Luft zu hängen. Auch die Linienführung der Stimmhöhe verläuft aufsteigend, als würde eine Spannung aufgebaut. Notwendigerweise muß als Gegensatz aber in einem herabführenden Bogen die erzeugte Spannung auch wieder freigegeben werden.

Wenn Sie den harmonischen Wechsel von Spannung und Lösung erkannt haben, wird es Ihnen auch in dem Beispielsatz gelingen, den noch offenen Gedankengang schlüssig zu Ende zu führen:

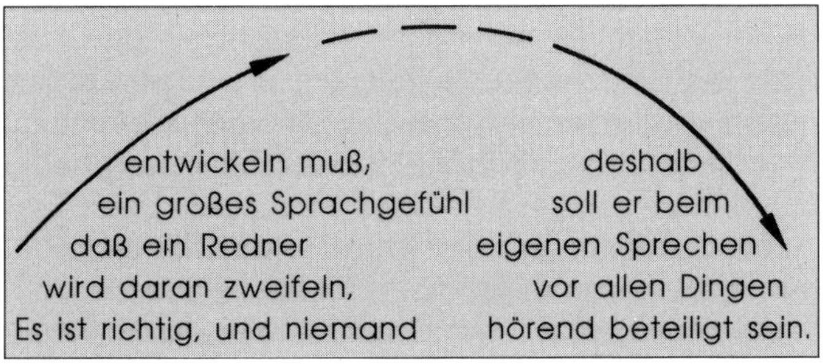

Ergänzungen

Blättern Sie jetzt noch einmal zu den Satzanfängen zurück, um mit Ihrem Partner weiterzudiskutieren. Führen Sie dieses Mal aber Ihren Gedanken immer durch einen zweiten oder dritten Satz weiter, den Sie beliebig mit ›denn‹, ›deshalb‹, oder ›daher‹ einleiten können.

Suchen Sie sich dazu ein Thema, über das Sie beide gern diskutieren möchten, und sprechen Sie bei dieser Übung ständig im Wechsel mit Ihrem Partner.

Damit ein Dialog in seinem Ablauf nicht starr wird, sollten Sätze mit vorgegebenem Anfang nur gelegentlich in die Rede einfließen. Als Beispiel sei hier ein Dialog angeführt, der später von Ihnen ergänzt werden kann.

Sollen Mütter berufstätig sein?

Partner A

»Die Berufstätigkeit von Müttern ist eine umstrittene Sache. Es ist Mode geworden, daß die verheiratete Frau Geld verdienen will, damit sich die Familie einen höheren Lebensstandard leisten kann. Es gibt geradezu absurde Fälle, in denen Mütter berufstätig sind, um den Zweitwagen zu finanzieren, den sie benötigen, um zur Arbeit zu fahren.

Wenn Sie Ihre Verantwortung ernst nehmen, dann sollten Sie sich, sofern Sie Kinder haben, gewissenhaft überlegen, ob Ihnen ein gehobener Lebensstandard, also auch die Anschaffung eines Hauses, sofern die Mutter mitverdienen muß, wichtiger erscheint als das Gedeihen und die Entwicklung Ihrer Kinder.«

Partner B

»Wir alle wissen, daß Kinder heute Entfaltungsmöglichkeiten brauchen. Ein Gedeihen in engen Räumen ist nicht möglich. Kinder können heute weniger auf den Straßen spielen als früher. Es ist zu gefährlich. Deshalb halte ich es geradezu für eine Pflicht, daß Mütter außer Haus arbeiten, damit ihre Kinder nicht räumlich beengt leben müssen.«

Partner A

»Mit Recht ist soeben darauf verwiesen worden, daß Kinder Entfaltungsmöglichkeiten benötigen, wie man sie nur im eigenen Haus hat. Aber ich füge jetzt mit allem Nachdruck hinzu, daß diesen Kindern die vielen Räume im Haus gar nichts nützen, wenn ihnen die Mutter fehlt, die eine entsprechende Nestwärme schaffen könnte. Deshalb ist es nicht zu verantworten, daß Mütter ihre Kinder sich selbst überlassen und arbeiten gehen, um zu helfen, ein Haus abzubezahlen.«

Nachdem sich gezeigt hat, daß der Einsatz rhetorisch fester Formulierungen dazu beitragen kann, Argumente sachlich vorzutragen und nicht in emotionalen Äußerungen verpuffen zu lassen, soll der Lernstoff durch einen weiteren Dialog gefestigt und ergänzt werden.

Diskussion

Um sachlich und partnerbezogen argumentieren zu lernen sind vier Schritte notwendig:

- Gehen Sie im ersten Satz auf die Worte des Partners ein und verdeutlichen Sie, in welchem Punkt Sie ihm zustimmen.
- Setzen Sie Ihre Meinung dagegen beginnend mit Einstiegsformulierung.
- Erläutern Sie durch ein Beispiel.
- Bringen Sie Ihre Zielvorstellungen vor.

Für diese Aufgabe nehmen Sie beide unterschiedliche Berufsrollen an und diskutieren deren Position:

»Ist es sinnvoll, das Lebensziel auf die Vermehrung von Besitz auszurichten?«

Die Metapher

Wenn Sie im Radio, im Fernsehen oder in den Tageszeitungen Kommentare zum Zeitgeschehen verfolgen, wird Ihnen auffallen, daß sich die Autoren oft einer bildhaften Sprache bedienen. Die Sprachbilder oder Metaphern sind jeweils anderen Sachgebieten entlehnt. Sie fallen in ihrer Übertragung auf einen anderen Zusammenhang auf und prägen sich dadurch dem Hörer oder Leser besonders ein.

Vergleichen Sie zwei Aussagen in ihrer Wirkung und präzisen Anschaulichkeit:

Gutes Beispiel

»Seine Rede besteht aus leeren Hülsen.«

Der Sprecher drückt sich durch eine Metapher aus. Er greift ein Bild aus einem anderen Bedeutungszusammenhang auf und überträgt es auf das fremde Gebiet der freien Rede.

Schlechtes Beispiel

»Er redet leere Worte.«

Diese Aussage ist nicht bildhaft, damit undeutlich und wenig treffend.

Beobachten Sie, in welchen verschiedenen Bereichen die Metaphern angewendet und woher die jeweils aussagestärksten entlehnt werden:

Sprachbilder

In seiner Rede zog er alle Register.
Er lieferte ein Papier mit einer Menge Sprengstoff.
Man kann doch nicht alles über einen Leisten schlagen.
Mit seiner Rede hat er viel Porzellan zerschlagen.
Der SV 98 mußte seine letzten Hoffnungen begraben.
Nach der Niederlage ist der Aufstiegszug endgültig abgefahren.
Die Senkung der Zinsen ist ein Tiefschlag gegen den Sparer.
Man streitet sich darüber, was gegen die Geißel der Arbeitslosigkeit getan werden kann.
Damit ist er in den Sog des Materialismus geraten.
Man sieht den Ex-Kanzler wieder in den Ring steigen.
Momentan knirscht es noch in der Partei; aber ihre Maxime lautet: erst einmal durch die Wahl kommen.
Vor der Wahl trägt die Partei das Fähnlein der Naturschützer vor sich her.
FDP und Grüne scheiterten an der 5%-Hürde.

Wirksamkeit der Metapher

Beurteilen Sie die sinnvolle Anwendung und die Wirkung der folgenden Aussagen zum Thema ›Konjunktur‹. Sie wurden Tageszeitungen entnommen.

»Man will der Konjunktur auf die Beine helfen.«

»Der Konjunkturhimmel hat sich etwas aufgehellt, aber der Silberstreifen am Horizont ist noch nicht sichtbar.«

»Die Deutsche Bundesbank will dem anfahrenden Konjunkturzug mehr Beschleunigung geben. Sie hat die Leitzinsen um einen ganzen Prozentpunkt zurückgenommen.«

»Eines ist sicher: was sich jetzt als Konjunkturfrühling ankündigt, was die Bundesbank so freundlich stützt, ist noch kein abgesicherter Aufschwung.«

»Jedenfalls hat gestern die Bundesbank nochmal einen neuen Köder ausgelegt, um ihn anzulocken, den Konjunkturfrühling.«

»Nach langer Zeit ist die Bundesbank wieder froh, die Zügel ihrer Geldpolitik schießen zu lassen.«

»Die Kreditbremse konnte nur gelockert werden, weil die Teuerungsrate zurückgegangen ist.«

Bei den Beispielen ist Ihnen sicher aufgefallen, daß die Autoren zum gleichen Thema unterschiedliche Metaphern verwendet haben. Der sachliche Inhalt wird verpackt, um eine intensive Wirkung auf den Leser zu erzielen.

Metaphernsammlung

Lesen Sie Tageszeitungen und hören Sie regelmäßig Kommentare zum Zeitgeschehen, ergänzen Sie danach die Liste von Metaphern, bis Sie mindestens zehn weitere Satzbeispiele mit metaphorischen Bildern gefunden haben.

Sie haben durch das Sammeln von Metaphern zunächst einen passiven Sprachschatz erworben. Verwandeln Sie diesen jetzt in einen aktiven.

Schildern Sie dazu mit den von Ihnen notierten Satzbeispielen Ihrem Partner kurze Begebenheiten. Verwenden Sie immer dann Metaphern im Gespräch, wenn Sie einen schwerverständlichen Stoff anschaulicher erklären wollen.

Lernerfolg

Die Lernziele von Kapitel 13

Durch Ihre Arbeit an Kapitel 13 haben Sie für die Anwendung bei der freien Rede gelernt,

- Reden-Können als Formulieren-Können zu begreifen.
- die Form des Indikativs zu benutzen, um Ihren Willen auszudrücken.
- sich in die Rolle des Gegenübers zu versetzen, um die Fähigkeit zum Umdenken zu entwickeln.
- vorgefaßte Meinungen als austauschbar zu erkennen.
- Flexibilität als Voraussetzung zu einer Gesprächsführung aufzufassen.
- Ihren aktiven Sprachschatz durch die Übernahme von festen Anfangsformulierungen zu ergänzen.
- rhetorische Mittel wie die Metapher einzusetzen.
- Ihren aktiven Sprachschatz durch sinnvolle Metaphern zu erweitern.

*Sprich
klar aus,
was dich bewegt, sag es bestimmt.
Sag, was den andern
nicht verletzen kann
und was auch morgen gilt.*

Herbert Kalläne

KAPITEL 14

Frage und Antwort

Nach dem bisherigen Training können Sie sich ausdrücken, sich auf Redebeiträge anderer konzentrieren und sie in einer Entgegnung aufnehmen. Damit sind Sie in der Lage, das exakte Fragen und das sachliche Antworten zu erlernen. Orientieren Sie sich an den angeführten Beispielen, die den stenographischen Berichten zu den Plenarsitzungen des Deutschen Bundestags entnommen wurden. Später ist es Ihnen möglich, diese auf Situationen Ihres beruflichen oder persönlichen Bereichs zu übertragen.

Beachten Sie bei den Redebeispielen besonders, wie klar sich der Fragesteller ausdrückt; man durchschaut leicht, daß er die Frage nicht erst formuliert, wenn er aufgerufen ist, sondern sie konkret vorbereitet hat. Andererseits muß der Befragte, nachdem er den Inhalt erfaßt hat, genau auf ihn eingehen, will er sich weitere peinliche Rückfragen ersparen.

Die konkrete Antwort

Eine Frage, auf die Sie mit ›Ja‹ oder ›Nein‹ antworten können, im Ernstfall tatsächlich mit diesen Worten abzutun, dürfte von Ihrem Gegner als nicht ausreichend betrachtet werden, so daß Sie mit weiteren Zusatzfragen rechnen müssen. Kommen Sie diesem Umstand mit einer ausführlichen Antwort zuvor.

Die Antwort sollte unterschiedliche Standpunkte begründen und gezielte Vorschläge unterbreiten.

Zur Veranschaulichung sei Ihnen hierzu ein Beispiel vorgeführt, das zur Untermauerung ein Zitat verwendet. In jedem Fall ist ein wörtliches Belegen beim Beantworten von Fragen hilfreich und gewährleistet ein größeres Maß an Sachlichkeit und Genauigkeit, wenn auch der Weg zunächst umständlich erscheinen mag.

Fragestunde des Bundestages

Frage des Abgeordneten FRANZ LUDWIG GRAF VON STAUFFENBERG (CDU/CSU):

»Trifft es zu, daß Bundeskanzler SCHMIDT bei der Pressekonferenz am 25. Februar 1982 in Paris die ›Väter‹ des deutsch-französischen Vertrages, JEAN MONNET, ROBERT

SCHUMAN und PIERRE MENDÈS-FRANCE nannte und in diesem Zusammenhang die Namen KONRAD ADENAUER und CHARLES DE GAULLE verschwieg?«

Antwort des Parlamentarischen Staatssekretärs KURT BECKER:

»Zunächst möchte ich die Ausführungen des Herrn Bundeskanzlers wörtlich zitieren. In der Pressekonferenz am 25. Februar 1982 zum Abschluß der 39. deutsch-französischen Konsultation sagte Bundeskanzler SCHMIDT:

›Wir haben uns an die Zeit erinnert, wo weitblickende und großzügig denkende Franzosen die Entwicklung eingeleitet haben. Wir haben uns an JEAN MONNET, an ROBERT SCHUMAN, an MENDÈS-FRANCE und andere erinnert, an Jahre, in denen sie persönlichen Anteil an der französischen Politik hatten. Das war die Vorarbeit an dem Elysée-Vertrag, den wir seither verwirklicht haben.‹

Der Bundeskanzler hat also erkennbar als Geste gegenüber den Gastgebern die französischen politischen Vorväter des Elysée-Vertrages genannt, ohne auch nur im geringsten durch Nichterwähnung der Unterzeichner jenes Vertrages die geschichtliche Bedeutung von CHARLES DE GAULLE und KONRAD ADENAUER mindern zu wollen.

Ihnen ist sicher bekannt, daß der Herr Bundeskanzler bei zahlreichen anderen Gelegenheiten die historische Rolle beider für die deutsch-französischen Beziehungen und die europäische Zusammenarbeit gewürdigt hat.«

Zitieren

Beobachten Sie die klare Gliederung der Antwort:

- Richtigstellen durch wörtliches Zitieren,
- Verdeutlichen des Zitats und direktes Zurückweisen einer Unterstelllung.

Für Ihre eigenen Reden gilt das gleiche Prinzip: Zitieren Sie, wenn es die Antwort verlangt und Sie in Ihren Unterlagen den genauen Text haben, auf den Sie sich berufen können.

Ablehnung und Erwiderung

An dem nun folgenden Beispiel aus dem Deutschen Bundestag sehen Sie, daß man in einer Antwort auch auf eine umfangreiche Einleitung verzichten kann. Statt dessen erscheint ein kurzer Einleitungssatz: »Ich darf Ihre Frage wie folgt beantworten...«

Anfrage im Bundestag

Frage der Abgeordneten INGRID ROITZSCH (CDU/CSU):
»Ist die Bundesregierung bereit, angesichts der Finanzlage das diesjährige Kanzler-Sommerfest ausfallen zu lassen und statt dessen für den eingesparten Betrag Ausbildungsmaßnahmen für Schulabgänger und arbeitslose Jugendliche zu fördern?«

Antwort des Staatsministers HANS-JÜRGEN WISCHNEWSKI:
»Ich darf Ihre Frage, verehrte Frau Kollegin, wie folgt beantworten. Die Bundesregierung sieht keinen Anlaß, das Kanzler-Sommerfest ausfallen zu lassen. Die Bundesregierung teilt die Sorge der Fragestellerin über die in diesem Jahr besonders schwierige Situation bei den Ausbildungsstellen. Eine Absage des schon zu einem festen Bestandteil der Selbstdarstellung unseres Staates in zeitgemäßer, populärer Form gewordenen Kanzler-Sommerfestes wäre aber völlig ungeeignet, einen Beitrag zur Lösung der Ausbildungsprobleme zu leisten. Der Bund wird sich auf sinnvolle und wirksame Weise auch in diesem Jahr sehr anstrengen, den Schulabgängern und arbeitslosen Jugendlichen zu helfen. Als Beitrag im eigenen Bereich sollen die Ausbildungsstellen beim Bund um rund zehn Prozent gegenüber 1981 erhöht werden...«

Gliederung
Einleitung mit Anrede
Ablehnung und Begründung
Gegenvorschlag

Welche Gliederung wird für Sie deutlich? Lösen Sie die Aufgabe, bevor Sie weiterlesen.

Mit der Ablehnung und Begründung wäre die Antwort zwar erledigt, jedoch nicht zufriedenstellend abgeschlossen. Wenn Sie selbst in die Lage kommen, auf entscheidende Fragen mit ›Nein‹ zu reagieren, vergessen Sie nicht, nach der Begründung einen Gegenvorschlag zu unterbreiten, sofern dies möglich ist.

Dieser Gegenvorschlag sollte aber nicht aus leeren Versprechungen bestehen, wie es oft geschieht, denn die Rhetorik steht nur dann im Dienste des Menschen, wenn Worte und Taten glaubwürdig übereinstimmen.

Fragetechnik

Da eine aussagefähige Antwort zuvor eine ebenso deutliche Frage verlangt, soll zunächst eine Fragetechnik entwickelt werden, die Ihrem Gegenüber möglichst wenig Ausweichmöglichkeiten bietet. Für Übungszwecke ist es dabei günstig, sich zunächst an vorformulierten Fragestellungen zu orientieren, bis man sich genügend eigene Sprechanfänge angeeignet hat.

Häufig erlebt man, daß Politiker, die ohnehin wenig aussagefreudig sind, gefragt werden:
»Wie sehen Sie ...?«

Dies ist keine verpflichtende, sondern eine belanglose Frage. Statt dessen müßte eine Frage die geforderte aktive Tätigkeit direkt vorschreiben, zum Beispiel so:

»Was gedenken Sie zu tun, damit...?«
»Wie wollen Sie das Problem... lösen?«
»Wie bewerten Sie...?«

Satzanfänge von Fragen

Die folgenden Formulierungen aus Fragestunden des Deutschen Bundestages sollten Sie in der Anwendung nicht auf politische Angelegenheiten beschränken. Sie sind in gleicher Weise im beruflichen oder persönlichen Alltag zu nutzen:

Stimmen Sie mir zu, daß...
Stimmen Sie mit mir darin überein, daß...
Sind Sie mit mir der Meinung, daß...
Trifft es zu, daß...
Wie erklären Sie sich, daß...
Können Sie darüber Auskunft geben, ob...
Halten Sie es für möglich, daß...
Darf ich Sie fragen, ob...
Wie sieht es im Konkreten aus mit...
Ist Ihnen bekannt, daß...
Ich möchte Sie daher direkt fragen, ob...
Darf ich Sie auch fragen, wie viele...
Können Sie in diesem Zusammenhang sagen, ob...
Was unternehmen Sie um sicherzustellen, daß...
Können Sie mir vor diesem Kreis bestätigen...
Welche Möglichkeiten sehen Sie...
Treffen Ihrer Meinung nach Berichte zu, daß...

Teilen Sie die Auffassung, daß...
Wie beurteilen Sie die Äußerung...
Kann ich Ihren Antworten entnehmen, daß...
Halten Sie es für denkbar,...
Welche Informationen haben Sie zur Situation...

Aufgaben

- Sicher finden Sie noch weitere Frage-Formulierungen für Ihr Repertoire.
- Legen Sie sich für die folgende Partnerarbeit einige Themenbereiche zurecht, und stellen Sie danach mit den oben angegebenen und hinzugefundenen Redeanfängen Fragen an Ihren Partner.

Themen zur Auswahl

Das Problem der Arbeitszeitverkürzung
Die Eingrenzung der Bewegungsfreiheit und der Tätigkeit ausländischer Arbeitnehmer
Die Verbesserung des Nahverkehrs in Stadt und Land
Zur Eingliederung oder Ausgliederung Behinderter in der Gesellschaft
Eine Stellungnahme zur Todesstrafe.
Zum Verbot der Aufstellung von Kriegsspielautomaten und der Errichtung von Spielhallen in Kleinstädten
Horror- und Gewaltdarstellung in Video-Filmen
Die Auswirkungen der Schadstoffbelastung auf die Umwelt und unsere Gesundheit

Partnerarbeit

Setzen Sie sich Ihrem Partner in einer Position gegenüber, die Aktivität signalisiert: mit dem Oberkörper etwas nach vorn, die Füße fest auf den Boden aufgesetzt; auf keinen Fall zurückgelehnt und mit übereinandergeschlagenen Beinen.

Ihr Partner soll eine Beantwortung mit bloßem ›Ja‹ oder ›Nein‹ vermeiden und sich an die oben beschriebene Antworttechnik halten. Sie selbst blättern zurück zu den Satzanfängen bei Fragestellungen. Überprüfen Sie während des Gesprächs, ob Ihnen die Antwort des Partners ausreichend erscheint, oder ob er Ihnen ausweicht. Damit Sie den Befragten unter Druck setzen können, ist eine aussagekräftige Frage notwendig, die ihm möglichst wenig Spielraum läßt und ihn zu einer konkreten Antwort zwingt.

Haben Sie beobachten können, wie Ihnen die vorgegebenen Satzanfänge helfen, sachlich und ohne Umschweife einzusteigen? Geben Sie nun Ihrem Partner Gelegenheit, sich in die Fragetechnik einzuarbeiten.

Die Nichtantwort

Die folgende Gesprächssituation wird Ihnen nicht unbekannt sein. Sie haben eine Frage gestellt und erkennen bei der Antwort: »Danach habe ich doch gar nicht gefragt.« Während Ihr Gesprächspartner weiterredet, denken Sie über dessen Worte nach und werden durch seine vom Thema abweichenden Gedanken völlig gefangengenommen.

Weil Frage und Anwort anscheinend gar nicht zueinander passen, ist man versucht, den Gesprächspartner als seltsam oder gar dumm einzustufen. Daß der andere in Wirklichkeit ein schlauer Fuchs ist, der mit seiner Antwort absichtlich hinter dem Berg hält und lediglich eine Nichtantwort gibt, merkt man oft erst später.

Viele Menschen lehnen die Technik der Nichtantwort für ihren eigenen Gebrauch ab. Sie wollen ›ehrlich bleiben‹, wie sie sagen, und halten das Nichtantworten für eine unredliche Angelegenheit.

Ein Beispiel aus dem Alltagsleben kann verdeutlichen, welche Folgen es haben kann, sofort offen mit einer Antwort herauszukommen. Nach diesen Übungen sollen Sie dann selbst entscheiden, welchen Weg Sie bei der Beantwortung von Fragen einschlagen wollen, die Sie persönlich oder Ihre Angelegenheiten betreffen.

Eine Erzieherin ist als Vorsitzende eines Kindergartenvereins neu gewählt worden und gibt eine Pressekonferenz. Die erste Frage an sie lautet:

Provozierende Frage

»Ist es tatsächlich wahr, daß in Ihrem Kindergarten die Buben gelegentlich auf das Klo der Mädchen gehen?«

»Ich verstehe Ihre Frage so, daß Sie darauf hinweisen wollen, wie dringend notwendig eine Aufstockung des Personalbestandes wäre. Ich kann Ihnen darin nur zustimmen und freue mich, daß sich aus unserem Elternkreis Stimmen melden, die mich bei meinen Bestrebungen im Kindergarten voll und ganz unterstützen werden.«

Nichtantwort

Deutung

Versuchen Sie die oben gegebene Antwort auszuwerten. Können Sie einen Zusammenhang zwischen Antwort und Frage herstellen?

Auf den ersten Blick gelingt das vielleicht nicht, aber lassen Sie sich nicht entmutigen, denn ein Zusammenhang ist vorhanden.

Die neue Kindergartenleiterin löst die Beantwortung der Fragestellung rhetorisch:

- Sie bezieht sich nur indirekt auf die Frage.
- Sie sagt mit Nachdruck, daß sie sich über die Fragestellung freue – ein Umstand, der beim Fragesteller natürlich Verwirrung auslösen muß, denn seiner Frage war deutlich zu entnehmen, daß er mit den Zuständen in diesem Kindergarten nicht einverstanden ist.
- Sie führt die Beantwortung in eine Richtung, in der sie als Kindergartenleiterin etwas zugunsten, nicht aber zuungunsten des Kindergartens bewirken kann.

Alternativantwort

Überlegen Sie sich, lieber Leser, welchen Angriffspunkt in der Diskussion und damit in der Öffentlichkeit die Kindergartenleiterin geboten hätte, falls sie sich für diese konkrete Antwort entschieden hätte:

»Ja, es kommt gelegentlich vor, daß die Buben auf die Toilette der Mädchen gehen, aber was ist denn schon dabei?«

Mit dieser Antwort ginge die Kindergartenleiterin auf die Denkweise des Fragestellers direkt ein. Als verantwortliche Leiterin des Kindergartens und seiner gesamten Tätigkeit stünde sie nicht mehr eindeutig über den Dingen. Eine direkte Antwort dieser Art würde Wellen schlagen, und die Kindergärtnerin hätte sich Gegenfragen aus der Elternschaft zu stellen:

»Was für eine Dienstauffassung haben Sie eigentlich? Wohin führt es, wenn die moralischen Werte, die im Elternhaus aufgebaut werden, im Kindergarten zunichte gemacht werden?«

»Sind Sie überhaupt für Ihren Posten als Leiterin qualifiziert?«

Sie erkennen als Leser jetzt selbst, in welchen Konflikt die Kindergartenleiterin durch direktes oder sogar ›naives‹ Eingehen auf die Frage geraten könnte.

Notwendigkeit einer Nichtantwort

Berufliche, politische und persönliche Gründe können Sie zu einer Nichtantwort veranlassen. Daher soll jetzt ein Übungsbeispiel folgen, an dem Sie die Technik der Nichtantwort durchschauen und erlernen können.

Die Frage Ihres Gesprächsgegenübers lautet:

»Welche Partei haben Sie denn am letzten Sonntag gewählt?«

Dabei wird vorausgesetzt, daß Sie nicht bereit sind, dem Gesprächspartner die von Ihnen gewählte Partei zu nennen. Dazu sind Sie wegen des Wahlgeheimnisses ohnehin niemandem gegenüber verpflichtet.

Anleitung

Zur Beherrschung und sinnvollen Anwendung einer Nichtantwort ist folgender Weg zu gehen:

- Sie beginnen mit einer festen Wendung folgender oder ähnlicher Art:
»Ich freue mich, daß Sie mit Ihrer Fragestellung zum Ausdruck bringen, welche Wichtigkeit Sie ...«
- Sie sprechen zunächst allgemein weiter, in diesem Beispiel über politisches Engagement und politisches oder gesellschaftliches Bewußtsein.
- Sie suchen zu dem angesprochenen Thema einen Gegensatz. In unserem Beispiel wird als Gegenthema zum politischen Bewußtsein das ›materielle Denken‹ herangezogen.
- Da eine Nichtantwort nicht mit ein oder zwei Sätzen abgetan ist, müssen Sie Ihren Gedanken durch weitere Sätze bekräftigen, um glaubwürdig zu sein.

Überlegen Sie anhand der folgenden Zeichnung noch einmal den gedanklichen Weg der Nichtantwort. Die Zeichnung erinnert an ein Eisenbahnnetz. Der Redner agiert in der Rolle des Zugführers und nimmt den Fragenden bei dieser Fahrt mit. Der Redner stellt an einem bestimmten Punkt die Weichen und führt weiter, ohne den Blick auf den Ausgangspunkt zurückzuwerfen oder gar zurückzukehren.

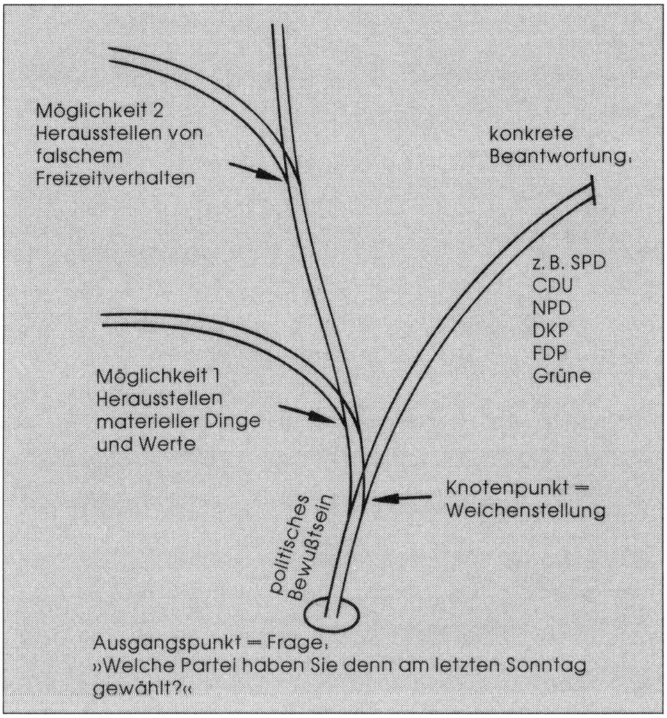

Eine Nichtantwort zu entwerfen, ist ein von jedem erlernbares Handwerk.

Formulieren Sie jetzt zusammen mit Ihrem Partner eine Nichtantwort auf die Frage: »Welche Partei haben Sie denn am letzten Sonntag gewählt?« Beginnen Sie mit einer feststehenden Wendung, in der Sie ausdrükken, daß Sie sich über die wichtige Frage freuen.

Mit Ihren Anfangsworten ›Ich freue mich, daß ...‹ gewinnen Sie Zeit, um die folgende Antwort als Nichtantwort in Gedanken vorzubereiten. Zur ersten Hilfestellung sei Ihnen eine Lösung vorgegeben.

Lösungsbeispiel

»Ich freue mich, daß Sie mit der Frage ausdrücken, wie wichtig politisches Bewußtsein und Engagement eines jeden Bürgers in der heutigen Zeit sind. Dies erscheint mir besondes bedeutend in einer Epoche, in der die materiellen Dinge eine derart große Rolle spielen, daß jeder nur nach seinem Besitz beurteilt wird. Der Raffgier und dem egoistischen Denken wird damit weiter Raum geschaffen; dabei kann man sein Erspartes nicht mit ins Grab nehmen. Neulich erlebte ich doch in einem Dorf ohne öffentlichen Spielplatz, wie ein Hauseigentümer einen Kinderball zerstach, nur weil er über

Der Ausgangspunkt der Anfangsfrage darf nicht mehr berührt werden.

seinen Gartenzaun gesprungen war. Sollte solch ein Verhalten nicht jeden nachdenklich stimmen?«

Wie Sie am Lösungsbeispiel sehen, kann die Beantwortung mit einer Gegenfrage enden.

Reaktion auf Rückfragen

Will Ihr Gesprächspartner Sie darauf aufmerksam machen, er habe etwas ganz anderes gefragt, so ist es möglich, daß Sie Ihre Darstellung wiederholen. Nun wird aber ein einleitender Satz notwendig, da Sie seine Frage in einem anderen Sinn verstehen:

»Ich denke, daß ich doch bereits ausgedrückt habe, wie ich Ihre Frage verstehe, nämlich, daß das politische Bewußtsein . . .«

Selbst ein unerfahrener Fragesteller weiß spätestens hier, daß sein Gegenüber gewillt ist, die Frage nur so und nicht anders zu beantworten.

Frage-und-Antwort-Spiel

Nur durch ausreichendes Üben wird es Ihnen gelingen, im entscheidenden Augenblick die treffende Nichtantwort zur Verfügung zu haben oder aus dem Stegreif zu formulieren. Nehmen Sie deshalb jetzt wieder die Partnerarbeit auf, und lösen Sie mindestens drei der nachfolgenden Übungsbeispiele.

Ein Partner stellt Ihnen überraschend eine Frage. Sie antworten spontan mit einer Nichtantwort.

Falls Sie am Anfang im mündlichen Antworten noch Schwierigkeiten haben, arbeiten Sie Ihre Entgegnung schriftlich oder zusammen mit dem Partner aus.

Diese Übung läßt sich aber auch sehr gut in Einzelarbeit ausführen. Sie formulieren Fragen, die Sie auf kleine Kärtchen schreiben und verdeckt auf den Tisch legen. Wählen Sie ein Kärtchen blind aus und antworten Sie spontan mündlich oder zur Übung schriftlich.

Kritische Fragen

Ihr Vorgesetzter fragt Sie überraschend: »Macht Ihnen die Arbeit in unserer Firma Spaß?«

Bei einer Arbeitssuche werden Sie vom Chef gefragt: »Sie waren zuletzt in einer Technikerschule der Deutschen Angestelltengewerkschaft tätig. Wollen Sie Ihre Gewerkschaftsarbeit in unserer Firma fortsetzen?«

Eine Parteitagskandidatin wird gefragt: »Welche Berufsziele haben Sie sich für die nächsten Jahre gesteckt? Wollen Sie wirklich Karriere machen?«

Sie sind Intendant an einem Theater. Da Ihr Vertrag am Ende der Spielzeit ausläuft und gleichzeitig an einer großen Bühne die Führung des Opernhauses frei wird, fragt Sie ein Reporter: »Werden Sie den Vertrag mit unserer Bühne verlängern, oder muß man damit rechnen, daß Sie sich für die neue Intendantenstelle in Berlin bewerben?«

Bei einer Elternversammlung wird die neue Klassenlehrerin mit der Frage überfallen: „Nehmen Sie die Pille, oder müssen wir damit rechnen, daß unsere Kinder in Kürze wieder keine Lehrerin mehr haben?«

Neugierige Personen wollen von Ihnen wissen:
»Können Sie sich denn kein besseres Auto leisten?«
»Was verdienen Sie denn im Monat?«
»Wie alt sind Sie eigentlich?«
»Wie? Ich bin ganz erstaunt, Sie können kein Französisch? Wie kommt denn das?

Ablenkungsmanöver

Für Leser, die das Nichtantworten ablehnen, soll ein Beispiel aus der Fragestunde des Bundestages vom 24. Juni 1982 folgen. Es läßt erkennen, wie wichtig es ist, auf eine Nichtantwort richtig zu reagieren und sich nicht in einen Zustand des Gelähmtseins hineinmanövrieren zu lassen.

Bundestagsdebatte

Frage des Abgeordneten HANS-JÜRGEN STUTZER (CDU/CSU):

»Kann die Bundesregierung die Feststellung im EG-Sitzungsdokument 1-95/82 bestätigen, daß in der Bundesrepublik Deutschland Gerichte mehrfach festgestellt haben, daß die Käfighaltung als Tierquälerei zu betrachten ist und folglich strafbar sein kann… und wenn ja, welche Konsequenzen zieht sie daraus?«

Antwort des Parlamentarischen Staatssekretärs beim Bundesminister für Ernährung, Landwirtschaft und Forsten, GEORG GALLUS:

»Herr Kollege, der Ausschuß für Umweltfragen, Volksgesundheit und Verbraucherschutz des Europäischen Parlaments hat in seinen Richtlinien zur Festsetzung von Mindest-

forderungen zum Schutz der Legehennen in Käfigbatterien unter anderem erwähnt, daß in der Bundesrepublik Deutschland Gerichte mehrfach festgestellt hätten, die Käfighaltung sei als Tierquälerei zu betrachten und könne folglich strafbar sein...

Demzufolge hat sich die Bundesregierung auf den Standpunkt gestellt, zunächst einmal eine Verbesserung dahingehend durchzuführen, daß, wie ich ausgeführt habe, eine größere Mindestfläche je Henne vorgeschrieben wird. Die Entscheidung hierüber – nämlich ob wir 500 oder 550 cm^2 pro Henne bekommen – steht kurz bevor. Sie ist noch nicht endgültig getroffen.«

Während dieser Ausführungen macht sich der Abgeordnete PETER CONRADI die Mühe, ein entsprechendes Anschauungsmittel zu verfertigen, und faltet von einem DIN-A-4-Blatt so viel weg, daß der Rest die Fläche des Lebensraumes einer Käfighenne hat, nämlich nicht weniger als 550 cm^2 (= 26 x 21 cm). Mit diesem gefalteten Blatt tritt er vor.

Beobachten Sie, ob der Sprecher seine Frage so präzise stellt, wie er gern fragen möchte.

Zusatzfrage des Abgeordneten PETER CONRADI (SPD):
»Herr Staatssekretär, können Sie dem Hause bestätigen, daß die von Ihnen genannte Fläche für das einzelne Huhn der Fläche entspricht, die dieser gefaltete DIN-A-4-Bogen bedeckt, den ich Ihnen hier zeige?«

GEORG GALLUS, Parlamentarischer Staatssekretär:
»Herr Kollege, ich kann Ihnen bestätigen, daß es, wenn die EG-Kommission in der Richtlinie 550 cm^2 festlegt, dann auch 550 cm^2 sind und nicht mehr.«
Heiterkeit im Plenum.
Vizepräsident GEORG LEBER:
»Weitere Zusatzfragen werden nicht gestellt.«

Sie spüren als Leser sicher die abwürgende Endgültigkeit dieser Nichtantwort, bei der anschließend nur noch festgestellt werden kann: »Weitere Zusatzfragen werden nicht gestellt.« Während der erfolgten Nichtantwort ist keiner der Abgeordneten in der Lage, kritisch zu denken und zu vergleichen, wieviel an Lebensraum ihm für seine eigene Person zur Verfügung steht im Verhältnis zu der eingeengten Situation im Hühnerkäfig.

Erläuterung und Kritik

Um die erhaltene Antwort von vornherein zu verhindern, hätte der Abgeordnete CONRADI beispielsweise hinzufügen müssen: ». . . und teilen Sie mit uns die Überzeugung, daß die Fläche von 550 cm^2 als Lebensraum eines Huhnes immer noch zu gering erscheint?«

Auch wenn Sie selbst es ablehnen, Nichtantworten zu geben, sollten Sie das Gesprächsgegenüber zumindest darauf hinweisen können, daß seine Antwort nicht das enthielt, was Sie fragen wollten.

Aufgabe

Formulieren Sie eine noch deutlichere Zusatzfrage zu der erfolgten Nichtantwort, vielleicht nach erneutem Lesen der letzten Textstellen. Legen Sie mit Ihrer Frage auch Widerspruch dagegen ein, daß sich die Antwort nicht genügend mit der Problematik befaßt.

Verweigern von Antworten

Die Nichtantwort ist nicht der einzige Weg, um rhetorisch auszuweichen. Die Entscheidung, ob Sie eine Nichtantwort, die Ablehnung der Beantwortung oder auch nur eine witzige Entgegnung wählen, hängt von Ihnen und von Ihrem Gegenüber ab.

Das Ablehnen einer Antwort sollten Sie aber unbedingt zu jeder Minute in Betracht ziehen. Zu denken ist an Situationen, in denen man versucht, Sie in irgendeiner Weise zu übervorteilen. Da wichtige Besprechungen oft nicht mehr im persönlichen Gespräch stattfinden, sondern ein Vorgesetzter von der Möglichkeit des telefonischen ›Überfalls‹ Gebrauch machen kann, ist die Ablehnung einer Antwort oft durchaus angebracht. Nicht immer können oder wollen Sie sich am Telefon sofort entscheiden.

Versetzen Sie sich einmal in diese Situation:

Ablehnung

Sie sind als Abteilungsleiter im technischen Bereich eines mittleren Betriebes tätig. Die Firma wird eines Tages ohne weitere Ankündigung an die Konkurrenz verkauft. Der Konzernchef zeigt Interesse, Sie zu übernehmen und unterbreitet ein Angebot.

Zwei Tage später erreicht Sie im Büro sein Anruf: »Ich spreche hier gerade mit dem Betriebsrat unseres Hauptbetriebes. Unsere Auffassungen haben sich jetzt geändert. Sie fangen zunächst im Hauptbetrieb an, damit Sie Ihre Kenntnisse noch vervollständigen können. L. ist bestimmt eine schöne Stadt, und Sie erhalten auch beinah das gleiche Gehalt. Bis in drei Jahren ist vielleicht ein Einsatz an Ihrem bisherigen Arbeitsort möglich. Rufen Sie mich in 5 Minuten kurz zurück, damit ich den Bertriebsrat noch über Ihre Entscheidung informieren kann.«

Während Ihrer Überlegungen stellen Sie fest, daß Ihr Arbeitsplatz in spe im Hauptbetrieb etwa 360 km von Ihrer Familie entfernt liegt, so daß Sie Frau und Kind nur noch zum Wochenende werden sehen können.

Formulieren Sie, um Zeit zu gewinnen, eine aufschiebende Antwort auf die Frage, ob Sie die angebotene neue Stelle annehmen wollen. Vergleichen Sie Ihr Ergebnis mit den folgenden Lösungsmöglichkeiten.

Klare Antwort

»Ich bin sicher nicht verpflichtet, über eine so wichtige Sache in diesem Moment zu entscheiden. Ich gehe davon aus, daß Sie es redlich meinen und – wie in solchen Fällen üblich – eine Bedenkzeit einräumen. Bitte teilen Sie mir Ihre genaueren Bedingungen mit.«

Diese Antwort geht in sachlicher Form von der rechtlichen Situation aus. Der Antwortende appelliert an das Ehrgefühl des Gegenübers, zugleich zieht er sich auf eine rechtlich einwandfreie Position zurück, ohne eventuelle Chancen zu verspielen.

Ungeschickte Antwort

»Ich kann mich in diesem Moment so schnell noch nicht enscheiden.«

Aus dieser Antwort hört der Anrufer die Unsicherheit des Sprechenden sofort heraus und kann sie ausnutzen.

Menschen mit etwas unfairen Arbeitsmethoden können aber im Laufe ihres Lebens durchaus ihr Verhalten ändern, wenn sie oft genug von anderen Menschen freundlich und sachlich in ihre Grenzen verwiesen werden. Wenn Sie durch dieses Buch in Ihrer Persönlichkeit gestärkt sind, sollten Sie Mut fassen und Ihr

Gegenüber durch Ihren sprachlichen Einfluß zu verändern suchen.

Lernerfolg

Die Lernziele von Kapitel 14

- Nachdem Sie Kapitel 14 durchgearbeitet haben, beherrschen Sie die Technik des gezielten und genauen Fragens.
- Anstelle von ›Ja‹ und ›Nein‹ gestalten Sie eine umfassende Antwort und führen diese bis zum Schluß aus.
- Sie streben eine klare Antwort an; je nach Frage und Situation legen Sie eine durchsichtige Gliederung zugrunde.
- Sie sind entschlossen, in entscheidenden Momenten die Beantwortung von Fragen abzulehnen.
- Es belastet Sie nicht, Spontaneität im Frage-und-Antwort-Spiel zu zeigen.
- Sie haben Redeanfänge für eine Nichtantwort zur Verfügung, um schlagfertig zu antworten.
- An Beispielen haben Sie gelernt, Nichtantworten zu formulieren und Ihrem Gedächtnis einzuprägen.
- Die Notwendigkeit einer Nichtantwort für bestimmte Situationen ist Ihnen bewußt, und Sie beantworten nicht jede Frage in der gewünschten Weise.
- Sie sind in der Lage, auf Rückfragen nach einer erteilten Nichtantwort zu reagieren.

Es trägt Verstand und rechter Sinn
Mit wenig Kunst sich selber vor;
Und wenn's euch Ernst ist, was zu sagen,
Ist's nötig, Worten nachzujagen?

Johann Wolfgang von Goethe

KAPITEL 15

Die Überzeugungsrede

Überzeugen zu können, hängt für viele Menschen von dem schillernden Äußeren der Sprache ab. Doch was steckt dahinter, wenn ein Redner kein Blendwerk benötigt, um dennoch zu überzeugen? GOETHE erklärt es in seinem ›Faust I‹ sehr bewegend, indem er den Schüler Wagner und Faust als Lehrer zueinander sprechen läßt. Wagner glaubt, daß allein der Vortrag ›des Redners Glück‹ mache. Doch Faust stellt diese Ansicht des ›schellenlauten Toren‹ richtig:

›Es trägt Verstand und rechter Sinn
Mit wenig Kunst sich selber vor...‹

Wenn einem Redner das Anliegen, das er vorträgt, am Herzen liegt, sind die Grundvoraussetzungen für eine gute Rede bereits geschaffen. Ohne daß ein Redner von seiner Sache überzeugt ist, kann er in den Zuhörern nichts ausrichten. Der Funke, der vom Redner zum Hörer überspringt, ist nicht allein durch die Vortragsweise zu erreichen.

Während es leicht ist, einen rein informativen Vortrag sprachlich abzufassen, erfordert die Überzeugungsrede nicht nur gute Kenntnisse, sondern zusätzlich ein Höchstmaß an Einfühlung und Engagement. An dieser Kunst feilen nicht wenige ihr Leben lang.

Das Weitergeben der Überzeugung

An einer Rede von JOHN F. KENNEDY können Sie sich jetzt Merkmale erarbeiten, die für eine Überzeugungsrede notwendig sind. Vergessen Sie aber dabei nicht, den Inhalt aus dem Zusammenhang der damaligen politischen und gesellschaftlichen Situation heraus zu verstehen. Aktuelle politische Ereignisse sind schon kurze Zeit später Geschichte. Trotzdem gibt diese Rede genug zu denken.

Machen Sie sich bewußt, daß es bei einer Überzeugungsrede nicht wirksam genug ist, wenn Sie Ihr Anliegen nur einmal unterbreiten. Es soll die Rede wie ein Leitmotiv durchziehen. Erst durch die Wiederholung und die Steigerung in der Wiederholung erfährt der Zuhörer, wie ernst es dem Redner um seine Sache ist.

Lesen Sie die Rede und erkennen Sie als erstes, daß KENNEDY seine Rede mit dem Hinweis auf ein aktuelles Ereignis (›Heute nachmittag...‹) eröffnet.

Unterstreichen Sie – vielleicht mit roter Farbe – die Beispiele zur Chancengleichheit, die diese Rede wie ein roter Faden durchziehen (gleiche Chancen im Alltag, in Hotels, Restaurants, bei Eintragungen in Wahllisten, beim Wählen, in der Ausbildung).

Unterstreichen Sie im Text – vielleicht mit blauer Farbe – die Formulierungen der Wunschvorstellung, wie:

- ich hoffe,
- es sollte möglich sein,
- daher bitte ich um Ihre Hilfe.

John F. Kennedy: Die rassische Gleichberechtigung

»Heute nachmittag ist nach einer Reihe von Drohungen und trotzbietender Erklärungen das Aufgebot von Männern der Nationalgarde in der Universität von Alabama notwendig geworden, um den endgültigen und eindeutigen Spruch des Bundes-Bezirksgerichtes des nördlichen Distrikts von Alabama durchzuführen. Dieser Spruch forderte die Zulassung von zwei einwandfrei qualifizierten jungen Bewohnern Alabamas, die als Neger auf die Welt kamen.

Daß sie friedlich das Gelände der Universität betreten konnten, ist in großem Maße dem Verhalten der Studenten der Universität zu verdanken, die ihrer Verantwortung in konstruktiver Weise nachkamen.

Ich hoffe, daß jeder Amerikaner, gleichgültig wo er seinen Wohnsitz hat, sich besinnen und sein Gewissen über diese und andere Ereignisse in diesem Zusammenhang erforschen wird. Unsere Nation wurde auf dem Grundsatz aufgebaut, daß alle Menschen gleich geschaffen sind und daß die Rechte aller Menschen eingeschränkt werden, wenn die Rechte eines einzelnen bedroht sind.

Wir haben uns heute einem weltweiten Kampf zur Förderung und zum Schutz der Rechte all jener verschrieben, die frei sein wollen; und wenn Amerikaner nach Vietnam oder nach West-Berlin entsandt werden, dann rufen wir nicht nur Weiße. Es sollte daher amerikanischen Studenten jeder Hautfarbe möglich sein, an jeder öffentlichen Ausbildungsstätte zu studieren, die sie sich auswählen, ohne daß Truppen hinter ihnen stehen müssen.

Es sollte amerikanischen Verbrauchern jeder Hautfarbe möglich sein, in öffentlichen Dienstleistungsbetrieben wie Hotels, Restaurants, Theatern und Läden ihre Wünsche in gleicher Weise erfüllt zu bekommen, ohne gezwungen zu sein, zu Demonstrationen auf der Straße Zuflucht nehmen zu müssen. Und es sollte für amerikanische Bürger jeder Hautfarbe möglich sein, sich in Wahllisten einzutragen und in einer freien Wahl zu wählen, ohne behindert zu werden oder Vergeltung fürchten zu müssen.

Es sollte, kurz gesagt, jedem Amerikaner möglich sein, ohne Ansehen seiner Rasse oder Hautfarbe sich des Glücks, Amerikaner zu sein, zu erfreuen. Kurz gesagt, jeder Amerikaner sollte das Recht haben, so behandelt zu werden, wie er behandelt zu werden wünscht, und wie er seine Kinder behandelt sehen möchte. Aber dies ist nicht der Fall.

Das farbige Kind, das heute in Amerika geboren wird, hat, gleichgültig in welchem Teil unseres Landes es zur Welt kommt, nur etwa die Hälfte der Chancen, eine höhere Schulbildung abzuschließen, wie ein weißes Kind, das am gleichen Ort am gleichen Tag geboren wird – nur ein Drittel der Chancen, eine Collegebildung zu erhalten, nur ein Drittel der Chancen, einen freien Beruf zu ergreifen, die doppelte Chance, arbeitslos zu werden, nur etwa ein Siebtel der Chance, 10 000 Dollar im Jahr zu verdienen. Seine Lebenserwartung ist um sieben Jahre geringer, und seine Verdienstaussichten sind nur halb so gut.

...Wir stehen hier in erster Linie vor einer moralischen Frage. Sie ist so alt wir die Heilige Schrift und so klar wie die amerikanische Verfassung.

Der Kern der Frage ist, ob alle Amerikaner wirklich gleiche Rechte und gleiche Chancen erhalten sollen, ob wir unsere amerikanischen Mitbürger so behandeln, wie wir behandelt werden wollen. Wenn ein Amerikaner, nur weil seine Haut dunkel ist, nicht in einem Restaurant essen kann, das der Öffentlichkeit zugänglich ist, wenn er seine Kinder nicht auf die beste vorhandene öffentliche Schule schikken kann, wenn er nicht die öffentlichen Bediensteten wählen kann, die ihn vertreten, wenn er, kurz gesagt, sich nicht des vollen und freien Lebens erfreuen kann, das wir uns alle wünschen, wer wäre dann bereit, die Farbe seiner Haut ändern zu lassen und an seine Stelle zu treten? Wer wäre dann bereit, sich mit den Ratschlägen der Geduld und des Zuwartens zufriedenzugeben?

Seit Präsident Lincoln die Sklaven befreite, sind hundert Jahre vergangen, und doch sind deren Erben und Enkel noch nicht ganz frei. Sie sind noch nicht von den Fesseln der Ungerechtigkeit befreit. Sie sind noch nicht frei von sozialer und wirtschaftlicher Unterdrückung, und unsere Nation wird bei all ihren Hoffnungen und all ihrem Stolz nicht ganz frei sein, solange nicht alle ihre Bürger frei sind...

Wir predigen in der ganzen Welt die Freiheit, – wir meinen es ehrlich – und wir halten unsere Freiheit hier im eigenen Lande hoch. Aber wollen wir der Welt, und was noch wichtiger ist, uns untereinander vielleicht sagen, daß unser Land ein Land der Freien – die Neger ausgenommen – ist; daß wir keine Bürger zweiter Klasse haben – außer den Negern; daß wir kein Klassen- oder Kastensystem, keine Ghettos und keine Herrenrasse haben – die Neger ausgenommen?...

Es genügt nicht, die Schuld anderen zuzuschieben, zu sagen, dies sei ein Problem dieses oder jenes Teiles unseres Landes, oder sein Bedauern zum Ausdruck zu bringen. Die Tatsache, daß wir vor einer großen Veränderung stehen, liegt auf der Hand, und unsere Aufgabe, unsere Verpflichtung ist es, diese Revolution, diese Veränderung friedlich und konstruktiv für alle zu gestalten.

Diejenigen, die nichts tun, begünstigen sowohl die Schande als auch die Gewalt. Diejenigen, die mutig handeln, erkennen sowohl das Recht als auch die Wirklichkeit.

In der nächsten Woche werde ich den Kongreß der Vereinigten Staaten ersuchen, zu handeln: eine Verpflichtung zu erfüllen, der er in diesem Jahrhundert nicht völlig gerecht geworden ist, nämlich dem Grundsatz, daß der Rassenstandpunkt im amerikanischen Leben und Gesetz keinen Platz hat.

...Ich ersuche daher den Kongreß, eine Gesetzgebung zu verabschieden, die allen Amerikanern das Recht gibt, in Einrichtungen bedient zu werden, die der Öffentlichkeit zugänglich sind – in Hotels, Restaurants, Theatern, Geschäften und so weiter.

Ich bin kürzlich mit einer ganzen Reihe führender Geschäftsleute zusammengekommen und habe sie aufgefordert, freiwillige Maßnahmen zur Beendigung dieser Diskriminierung zu ergreifen. Ihre Reaktion hat mich ermutigt, und in den vergangenen zwei Wochen sind in mehr als 75 Städten Fortschritte in der Aufhebung der Rassentrennung bei solchen Einrichtungen erzielt worden. Aber viele wollen nicht allein handeln, und aus diesem Grunde ist eine im ganzen Lande gültige Gesetzgebung nötig, wenn wir dieses Problem von der Straße fort und vor die Gerichte bringen wollen.

...Meine amerikanischen Mitbürger: dies ist ein Problem, das uns alle angeht, in jeder Stadt des Nordens wie des Südens. Verglichen mit den Weißen ist heute die Zahl der Arbeitslosen bei den Farbigen zwei- bis dreimal so hoch, ihre Ausbildung ist unzulänglich, sie strömen in großer Zahl in die Städte, sie können keine Arbeit finden – vor allem die jungen Arbeitslosen, die ohne jede Hoffnung auf Arbeit sind –, ihnen wird die Gleichberechtigung verwehrt, die Möglichkeit, in einem Restaurant oder Speiseraum zu essen oder in ein Kino zu gehen, ihnen wird das Recht auf eine angemessene Schulbildung verweigert –...

...Die Vereinigten Staaten sind ein Land. Sie sind ein Land geworden, weil alle von uns und alle Menschen, die hierher kamen, die gleiche Chance hatten, ihre Fähigkeiten zu entwickeln.

Wir können nicht zu zehn Prozent der Bevölkerung sagen, daß sie dieses Recht nicht haben können, daß ihre Kinder nicht die Chance haben können, ihre Fähigkeiten zu entwickeln, daß die einzige Möglichkeit, ihr Recht zu erhalten, darin besteht, auf die Straße zu gehen und zu demonstrieren. Ich glaube, wir schulden ihnen und uns selbst ein besseres Land.

Daher bitte ich um Ihre Hilfe, damit es uns leichter wird, Fortschritte zu erzielen und jene Gleichheit der Behandlung sicherzustellen, die wir für uns selbst wünschen; und jedem Kind die Möglichkeit für eine Erziehung gemäß seinen Fähigkeiten zu geben...«

Aus: John F. Kennedy, Glanz und Bürde) – Reden und Botschaften, Düsseldorf/Wien 1964

Analyse des Textes

Bereits das optische Bild des Textes weist das Thema ›Chancengleichheit‹ als roten Faden der Rede aus. Dem Leser wird bewußt, was auch der Hörer dieser Überzeugungsrede erkennen mußte: KENNEDY steht hinter der Sache, die er vertritt.

Obwohl in der Rede Sachlichkeit in Gestalt von geschichtlichen Zahlen und Statistik vorhanden ist, überzeugt sie eher auf emotionaler als auf rationaler Ebene. KENNEDYS Sprache ist ein Appell an das Gewissen.

Halten Sie sich einmal vor Augen, ein Sprecher sagte über dasselbe Thema etwa folgendes:

»›Man erlaubt einem Hund, daß er mit in ein Restaurant geht, aber einem Schwarzen erlaubt man es nicht.‹«

Dieser Redner hätte durch seine Taktlosigkeit alle Chancen, gehört zu werden, verspielt. KENNEDYS Darstellung hingegen ist frei von Vorwürfen und plumpen Vergleichen, die diejenigen verletzen könnten, die er bekehren will. Wer sich der von ihm ausgehenden Überzeugung entziehen will, wird Mühe haben, der moralischen Verpflichtung auszuweichen und Gegenargumente zu finden.

Die Frage drängt sich auf, welcher Politiker oder Vertreter des öffentlichen Lebens heute glaubhaft Überzeugungen vermittelt, denen man nacheifern kann. Wenn Sie hier Lücken sehen, die auch von den Medien nicht gefüllt werden, muß sich jeder von uns ganz persönlich dieser Aufgabe widmen.

Die Vermittlung

Könnten Sie sich vorstellen, einem Computer gegenüberzustehen, den Sie mit allen nötigen Informationen zu einem Thema füttern, der diese Informationen gezielt zusammenstellt und Ihnen damit Rede und Antwort liefert? Nun hält dieser Computer vor einem Publikum einen Vortrag und begeistert die Zuhörer.

In der Hochstimmung des beginnenden Computer-Zeitalters war man der Ansicht, solche Art Lernmaschinen würden die Lehrer ablösen, da sie im Gegensatz zum Menschen wertfrei unterrichten und keine Fehlinformationen geben. Es hat sich aber gezeigt, daß der als Mensch mit Emotionen behaftete Lehrer einen anderen Lernerfolg erzielt. Der Vortrag eines Computers wird immer der gleiche sein, der Vortrag eines Redners jedoch ist abhängig vom Publikum und seiner Resonanz:

»... eine Rede ist nicht nur ein Dialog, sondern ein Orchesterstück: eine stumme Masse spricht nämlich ununterbrochen mit.« (TUCHOLSKY)

Besonders die Überzeugungsrede hat immer dann Erfolg, wenn sie nicht allein von Vernunft und Logik diktiert wird. Unsere Aufgabe ist es demnach nicht allein, den Verstand der Hörer zu erreichen, sondern ihre Herzen, wie es GOETHE im »Faust« ausdrückt:

»Wenn ihr's nicht fühlt, ihr werdet's nicht erjagen,
Wenn es nicht aus der Seele dringt
Und mit urkräftigem Behagen
Die Herzen aller Hörer zwingt.«

Der Gegenstand einer Überzeugungsrede kann so nüchtern sein, wie er will; es ist allein die Sache des Redners, was er aus dem Inhalt seiner Rede macht, wie sehr er sich beteiligt und diese innere Überzeugung als ›Wahrheitsbeweis‹ dem Hörer mitgibt. Entsprechend sollen auch die Aussagen nicht relativiert werden. Und um die Überzeugung bewußt werden zu lassen, muß der Redner, seinem roten Faden folgend, immer wieder verbindliche Forderungen an die Zuhörer stellen.

Tragen Sie deshalb das Hauptanliegen Ihrer Überzeugungsrede stets mehrmals und von verschiedenen Seiten beleuchtet vor, damit es sich dem Hörer einprägt. Die Überzeugungsrede steht hierdurch in einem Gegensatz zu dem unverbindlichen Gesprächston, der in Vorträgen und Standardreden anzutreffen ist.

Vergleich von Formulierungen
+ = *schwach*
++ = *mittel*
+++ = *stark*

Ordnen Sie die angeführten Gegenüberstellungen der Standardrede (Gesprächston) oder der Überzeugungsrede zu, und bewerten Sie die jeweilige Stärke der Forderung durch ein bis drei Pluszeichen:

- **Ich hoffe, daß Sie sich besinnen...**
- **Es sollte jedem möglich sein...**
- **Wir stehen hier alle vor der moralischen Frage...**
- **Keiner von Ihnen darf sich der Verantwortung entziehen...**
- **Jeder von uns muß daher...**

- Es wäre schön, wenn Sie Ihre Meinung überprüften...
- Manche haben nicht die Möglichkeit...
- Haben Sie dies schon vom Moralischen her betrachtet...
- Sie wissen alle um die Verantwortung, die wir...
- Wollen Sie nicht auch...

Verhalten des Redners

Überzeugungsreden begegnet man besonders oft in Verbindung mit politischer oder ideologischer Auseinandersetzung. Vergleichen Sie daher, sooft Sie die Möglichkeit dazu haben, verschiedene Redner miteinander. Eine der besten Gelegenheiten bieten Veranstaltungen der Parteien in Wahlkampfzeiten oder andere politische Debatten.

Dort können Sie bei genauem Hinhören Ihr Wissen erweitern. Sie werden aber auch Ihren Blick dafür schärfen, wie eine gute Rede durchgeführt werden kann. Selbst bei einer schlechten Rede lernen Sie aus den Fehlern.

Auch Äußerlichkeiten wie ein sicheres Auftreten sprechen für die Qualität der angetretenen Rednerinnen und Redner. Im Wahlkampf 1983 für die Wahl zum 20. Deutschen Bundestag konnte man bei den verschiedenen Kandidaten aller Parteien bezüglich des Umgangs mit dem unvermeidlichen Rednerpult drei Gattungen von Rednern unterscheiden:

- Typ A: Mit der Hand fest am Rednerpult bin ich sicher.
- Typ B: Endlich habe ich eine Unterlage für meine Zettel.
- Typ C: ... Finden Sie eine Beschreibung für einen Rednertyp ohne diese unerfreulichen Angewohnheiten.

Für welchen Typ des Redners entscheiden Sie sich? Sammeln Sie Argumente, weshalb Sie Typ A oder B nicht nachahmen wollen. Welche Konsequenzen ergeben sich für Sie als künftigen Redner daraus?

Analyse der Redner

- Typ A: Wenn Sie sich während Ihrer Rede am Pult festhalten müssen, können Sie niemals als Redner überzeugen. Ihre Zuhörer legen Ihren so sicheren Griff und das Festhalten am Pult als Unsicherheit aus, ja sogar als mangelndes Können, wenn Ihre einzige Gestik darin besteht, die vor Ihnen liegenden Blätter umzuwenden.
- Typ B: Ihrem Publikum entgeht aus lauter Langeweile während Ihrer Rede nichts: Es erfährt am eigenen Leib, wie ihm ›Abgestandenes‹ vorgesetzt und aus einem Wust von Unterlagen vorgelesen wird. Wenn es schon dem Redner nicht gelingt, wie soll dann der Zuhörer alles im Kopf oder im Herzen behalten können?

Während einer Debatte im Deutschen Bundestag am 25.3.1982 kam es zu folgendem Dialog:

»Herr Abgeordneter, gestatten Sie eine Zwischenfrage des Abgeordneten PAINTNER?«

Abgeordneter JOSEF BRUNNER (CDU/CSU): »Mein lieber Kollege PAINTNER, ich habe noch einige Seiten…«

Zwischenruf des Abgeordneten KLAUS IMMER (SPD):
»Sie sollen frei reden, nicht Seiten vorlesen!«

Bewegungsfreiheit

Sie treten auf das Podium und reden, wobei Sie Mimik und Gestik einsetzen. Lassen Sie sich in Ihrer Bewegungsfreiheit – wie Typ C – durch nichts einengen; Mikrofone sind bereits schlimm genug. Sie benötigen keinen Halt am Pult, denn je fester Ihre Überzeugung ist, desto sicherer ist Ihr Stand.

Augenkontakt und Gestik helfen bei der Vermittlung von Gedanken und Gefühlen zwischen Ihnen und Ihren Hörern. Da es sich um eine <u>Überzeugungsrede</u> handelt, erwartet Ihr Publikum auch <u>Engagement</u>; lassen Sie sich also nicht von einem wörtlich festgelegten Manuskript gängeln. Sie benötigen nur Stichworte, denn je weniger Blätter Sie vor sich haben, desto freier ist Ihre Rede.

Vorbereitung

Zur Ausarbeitung einer eigenen Überzeugungsrede wählen Sie Themen, an denen kaum jemand in seinem Leben vorbeigehen kann:

- Wie können wir unsere Umwelt positiv verändern?
- Was kann jeder einzelne für den Frieden tun?

Diskutieren Sie zunächst mit Ihrem Gesprächspartner oder in Ihrer Gruppe beide Themen, damit Sie sich darüber klar werden, was Sie sagen könnten, und welche Meinung Sie vertreten wollen. Ohne Kenntnis Ihres eigenen Standpunktes können Sie keine Überzeugungsrede halten.

Erarbeitung in Stichpunkten

Fertigen Sie als nächstes einen Stichwortzettel für eines der beiden Themen an.

Falls Sie das zweite Thema gewählt haben, können Sie Ihre Stichworte mit den folgenden Angaben vergleichen, ohne daß Sie sich von diesen beeinflussen lassen müssen.

Einleitung

Problem ›Krieg – Frieden‹ so alt wie die Menschheit

Hauptteil

- I. Friede mit dem eigenen Ich: – mit sich selbst ins reine kommen
- II. Friede innerhalb eines kleinen Kreises;
  Veränderung der persönlichen Beziehungen
  a) Umdenken von ›Negative‹ auf ›Positive‹
  b) Bestätigung des Partners in seinem Wert
  c) Vermeiden von Feindschaft und Neid
  d) Nachahmen guter Vorbilder
- III. Frieden nach außen tragen;
  Änderung der Gruppenbeziehungen:
  a) Übertragung auf Minderheiten und Volksgruppen im eigenen Land
  b) aktive Partnerschaft mit ehemaligen ›Feinden‹ des Landes (Erlernen von Fremdsprachen)
  c) kritisches Verfolgen politischer Ereignisse

Vortragsweise in Ebenen

Wenn Sie eine Überzeugungsrede ausarbeiten, sollten Sie für das Vortragen das Folgende wissen und erproben.

Viele Politiker gehen rhetorisch mit einer Gegenüberstellung zweier Meinungen vor und erzielen die äußere und innere Wirkung ihrer Rede dadurch, daß sie sich in dynamisch voneinander abgesetzten Ebenen bewegen.

Sie sprechen zunächst leise und verhalten und unterbreiten in der ersten Ebene eine allgemein gültige

Behauptung, um dann laut und vernehmlich in der zweiten Ebene ihren Standpunkt zu beziehen.

In der zweiten Ebene stellen sie ihre Überzeugung dar:

- Ich bin deshalb der Meinung …
- Meine Meinung dagegen ist …
- Ich aber sage …

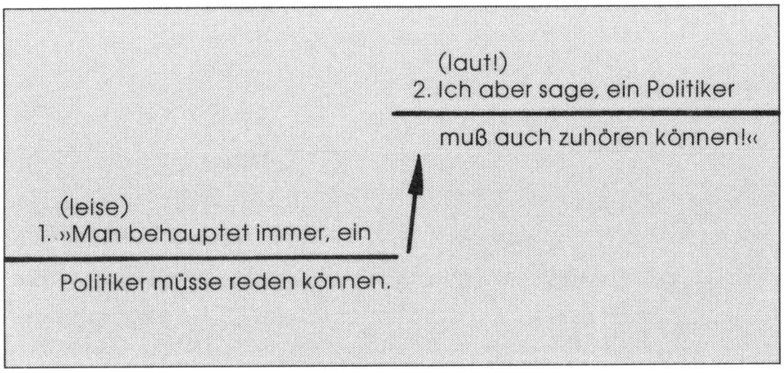

Die von Ihnen zu formulierende Stellungnahme zu den Themen soll jedoch etwas umfangreicher ausfallen. Orientieren Sie sich daher an dem folgenden Beispiel, das wie immer nur als eine von vielen Möglichkeiten gedacht ist.

Überzeugungsrede

Erste Ebene

»Viele Menschen sind mit ihrem Leben sehr unzufrieden. Sie resignieren, weil jeder an ihnen herumkritisiert. So hadern sie mit sich selbst und wollen es mal diesem, mal jenem rechtmachen, bemerken aber dabei ihren eigenen Persönlichkeitsverlust nicht.

Zweite Ebene

Deshalb bin ich der Meinung: Lassen Sie sich nicht von anderen Menschen irritieren, und gehen Sie Ihren geraden Weg; denn erst der Mensch, der sich selbst akzeptiert, kann auch andere – einzeln oder als Gruppe – annehmen.«

Schreiben Sie zunächst Ihre Überzeugungsrede zu einem der Themen komplett nieder. Gehen Sie in der Ausarbeitung und vor allem im Vortrag ins Detail, und versuchen Sie, wie oben dargestellt, sich in der zweiten Ebene zu steigern.

Ausführung Ihres Vortrags

Tragen Sie Ihre eben erarbeitete Fassung Ihrem Gesprächspartner vor. Sie sollten dazu aufrecht und gelockert stehen.

Denken Sie daran, daß Ihre Überzeugungsrede nur ankommen kann, wenn Sie sich engagieren. Dabei werden Mimik und Gestik mitspielen und den Vortrag unterstützen.

Greifen Sie die Zweiteiligkeit, die Sie inhaltlich in jeden Abschnitt gelegt haben, auch in der Vortragsweise auf, und lassen Sie Ihre Rede gezielt durch verschiedenartige Dynamik (leise/laut) wirken:

Erste Ebene
die allgemein vertretene Meinung

- mit leiser, zurückgehaltener, aber sachlicher Stimme,

Zweite Ebene
Ihre eigene Ansicht im Gegensatz dazu

- engagiert und hervorgehoben, mit einer Dynamik, die sich bis in den letzten Satz des jeweiligen Abschnittes steigern kann, wenn er besonders pointiert wird.

Freier Vortrag

Legen Sie jetzt Ihre schriftliche Ausformulierung beiseite, und halten Sie Ihre Überzeugungsrede nur noch mit einem kurzen Blick in Ihren Stichwortzettel. Sehen Sie es als Ihr Ziel an, sich in Inhalt und Vortrag zu steigern.

Was macht es, wenn der erste Anlauf nicht sofort gelingt? Begreifen Sie die Rhetorik wie den Sport als ein Trainingsgebiet. Auch ein Basketballspieler trifft nicht bei jedem Übungswurf sofort den Korb.

Überprüfung

Überprüfen Sie die Lösung der Aufgabe durch eine Tonbandaufnahme, und geben Sie nicht eher auf, bis Sie mit dem Ergebnis zufrieden sind. Durchzieht Ihr Hauptanliegen als Leitmotiv die Überzeugungsrede, wie Sie es in der KENNEDY-Rede gesehen haben?

Auch Ihr Partner soll jetzt Gelegenheit haben, sich in seiner Überzeugungsrede zu steigern durch die beiden Ebenen »zurückgenommen und leise« und »feurig und engagiert«.

Wenn Sie selbst jemanden anleiten wollten, eine Überzeugungsrede zu halten, müßten Sie in der Vorbereitung folgende Punkte hervorheben:

- Nur wenn ein Thema Sie tatsächlich berührt, können Sie überzeugen.
- Legen Sie sich genügend Material zurecht, damit Sie die Zuhörer auch informativ überzeugen.
- Beginnen Sie in der Einleitung möglichst mit einem aktuellen Beispiel.
- Lassen Sie Ihr Hauptanliegen durch mehrere Wiederholungen in veränderter Form wie einen roten Faden Ihre Rede begleiten.
- Formulieren Sie Ihre Wunschvorstellungen eindringlich, und leiten Sie daraus Ihre Forderungen an die Zuhörer ab.
- Versuchen Sie, trotz äußerster Sachlichkeit die Hörer auch auf emotionaler Ebene zu erreichen, wobei Sie mit vollem Einsatz Ihrer Person hinter der Sache stehen.
- Lassen Sie sich durch ein Rednerpult nicht dazu verleiten, dem Hörer ganze Seiten vorzulesen. Eine Überzeugungsrede verlangt freies Sprechen.
- Ihre Überzeugungsrede gewinnt durch rhetorische Mittel und durch dynamische Steigerung an Eindringlichkeit.

Lernerfolg

Die Lernziele von Kapitel 15

*Bei
allen Streitgesprächen
ist als Grundtendenz anzustreben,
zuerst das Gemeinsame und
Verbindende beider Positionen aufzuzeigen
und erst danach zu kritisieren.*

N. N.

KAPITEL 16

Das Streitgespräch

Die obenstehende Binsenweisheit – Gemeinsames aufzeigen und erst danach kritisieren – wird bei Streitgesprächen oft zu wenig beachtet. In diesem Fall ist nur ein einziger Kommentar möglich: »In einer hitzigen Debatte prallten die Meinungen aufeinander!«

Auch die Reden im Deutschen Bundestag belegen immer wieder, daß es manchen Parteivertretern nicht um die Sache zu gehen scheint, sondern um den Stimmenfang zur Wahl. Die eigene Position wird als die einzig richtige herausgestellt, der politische Gegner wird – direkt oder indirekt – als Heuchler, Lügner, Verleumder, Verschwörer, Vaterlandsverräter oder Nestbeschmutzer diffamiert.

Kein Redner wird sich in seinem Beitrag zu der Meinung des politischen Gegners bekennen. Wer selbst an der eigenen Auffassung festhält, kann mit seiner Rede aber auch nicht das Gegenüber umstimmen. Es erfolgt kein wirkliches Streitgespräch, das – rhetorisch angelegt – zu einem positiven, beide vereinenden Ergebnis führen könnte. Diesen Mangel beklagte auch MARTIN BUBER: »Die Debatten der Staatenvertreter von heute haben mit einem Menschengespräch nichts mehr gemeinsam; man redet nicht zueinander.«

Aus dem privaten und beruflichen Bereich sind jedem diese Auseinandersetzungen bekannt, die zu keiner Lösung der Probleme führen. Man sollte sich hier jedoch immer bemühen, das Verbindende aufzuzeigen und das unter der Oberfläche verborgene Gemeinsame zu suchen, um zu erreichen, daß man im Debattieren und dem nachfolgenden Aufbauen vorankommt. Daher bleiben diese Überlegungen nicht auf den politischen Bereich beschränkt, sondern es soll zunächst einmal analysiert werden, wie im beruflichen oder privaten Alltag eine vermeidbare Konfrontation entsteht.

Die Kündigung

Angenommen, Herr N. habe eine gute Anstellung in der Firma X. Trotz aller Vorteile seiner Position sieht er eines Tages die Möglichkeit zur Veränderung und will kündigen. Die Kündigung wird dadurch erleichtert, daß ihm andere Personen den Aufstieg verwehren und er sich im Betrieb an verschiedenen Abläufen und Gegebenheiten stößt. Bei der Übergabe der schriftlichen Kündigung findet daher ein von ihm gesuchtes Gespräch mit seinem Vorgesetzten, dem Abteilungsleiter Schlüter, statt:

Negatives Beispiel

»Wie Sie wissen, Herr Schlüter, gefällt mir die Art, wie unsere Abteilung geführt wird, in keiner Weise. Ja und... Wir haben auch nie Ersatzteile gekriegt; ich verstehe das einfach nicht... Und das Weihnachtsgeld war auch mies... Ich hatte immer das Gefühl, hier müßte manches besser werden. Aber es war ja nichts zu machen; in dem Stall tut sich nichts... Ich glaube, mit der Kündigung fahren wir jetzt alle am besten... Ach ja, ich brauche auch noch ein Arbeitszeugnis, wenn Sie das bitte schreiben?«

Sie merken als Leser dieses Gesprächs sicher, daß hier nachgerade Bomben auf den Vorgesetzten abgeworfen werden. Es ist nicht diplomatisch, wenn Herr Neumann nur noch Negatives anhäuft, ohne die positiven Dinge zu erwähnen, die es ganz bestimmt auch gibt.

Außerdem verhindert dieses Gespräch, daß der ehemalige Chef eine objektive Beurteilung im Zeugnis abgibt. Herr Schlüter wird nach einem solchen Ausbruch trotz aller guten Leistungen nicht allzu gut auf seinen früheren Mitarbeiter zu sprechen sein.

Aufgabe

Versetzen Sie sich einmal in die Lage des Herrn N.: Würden Sie sich in dieser Situation genauso verhalten und damit seine Rede gutheißen?

Falls Sie mit ›ja‹ antworten, beobachten Sie bitte alle Fälle von Rechthaberei, sowohl im privaten, beruflichen als auch im politischen Bereich, in denen die Streithähne aufeinanderprallen, kämpfen und voller Zorn auseinandergehen.

Falls Sie mit ›nein‹ antworten, nehmen Sie sich jetzt bitte ein Blatt und einen Stift zur Hand und formulieren Sie, was Sie bei dem Gespräch zu Ihrem Chef sagen würden. Stellen Sie am Anfang die positiven Dinge in den Vordergrund, weshalb Sie drei Jahre bei der Firma X geblieben sind; am Schluß kann dann die notwendige Kritik vorgebracht werden.

Lösungsvorschlag

Es wird nicht immer gelingen, ein fiktives Gespräch eindeutig zu formulieren. Deshalb ist der hier festgehaltene Lösungsvorschlag auch nur als eine von vielen Möglichkeiten anzusehen, eine schriftliche Kündigung in einer etwas harmonischeren Atmosphäre zu übergeben:

»Es ist gar nicht so lange her, daß Sie, Herr Schlüter, mich hier in der Firma eingeführt haben. Am Anfang wußte ich nicht, um was es eigentlich geht. Aber ich habe sehr viel hinzugelernt und weiß, wem ich dies zu verdanken habe. Die Aufträge für L. und K. waren bestimmt schwierig, aber die Werkstatt hat sie sehr gut gemeistert. Und dann noch...«

Nachdem viel Positives erwähnt wurde, kann N. zu einzelnen Kritikpunkten Stellung beziehen und sie als Ergänzung der bisherigen Zustimmung anbringen:

»...Natürlich klappte auch manches nicht gleich auf Anhieb... Ich meine aber, daß unsere Abteilung anders organisiert werden könnte... Warum ist es so schwierig, Ersatzteile zu beschaffen? Herr K. wollte dazu doch einmal einen Vorschlag unterbreiten... Ich hatte mir auch vorgenommen, zu sagen, daß... Momentan bin ich noch jung genug, zu einer anderen Firma zu wechseln. Würden Sie dann bitte ein Arbeitszeugnis ausstellen...«

Wenn Sie sich jetzt in die Rolle des Personalchefs oder Vorgesetzten hineindenken, können Sie sicher diese Art einer Kündigung beurteilen und entsprechend würdigen.

Kritik und Ergebnis

Aufgrund persönlicher Betroffenheit mag es auch vorkommen, daß im beruflichen oder öffentlichen Bereich eine Angriffsrede gestartet wird. Dazu soll eine Gesamt-Betriebsversammlung betrachtet werden, bei der ein Firmenangehöriger gezielte Kritik an den Plänen der Geschäftsleitung übt. Seine hier vorgetragene Meinung stößt jedoch weitgehend auf Ablehnung, da er nicht in der Lage ist, den richtigen Ton zu finden, um den Sachverhalt objektiv vorzutragen.

Obwohl der Redner nur ein einziges Mal Kritik vorbrachte, wird er seit diesem Zeitpunkt als Querulant verschrieen sein, von dem man äußert, er habe immer etwas auszusetzen. Um diesem Makel zu entgehen, kann er aber in einer späteren Rede klar abgrenzen oder gegenüberstellen, etwa in der folgenden Art:

»In der letzten Versammlung habe ich zu Recht oder zu Unrecht Kritisches bemerkt. Heute aber ist es notwendig, zu dem neuen Thema die folgenden positiven Anmerkungen zu machen...«

Vorgefaßte Meinungen

Sie haben das Recht auf eine eigene Meinung. Aber wie verhalten Sie sich, wenn sich eine andere Meinung aufgrund von Tatsachen und Argumenten als durchsetzungsfähiger erweist? Stellen Sie dann Ihre Meinung in Frage oder versuchen Sie, die andere Meinung als ›falsch‹ auszugeben?

● Überlegen Sie sich Beispiele aus Ihrer persönlichen oder allgemeinen Erfahrung, bei denen Sie erlebt haben, daß Menschen aufgrund besserer Einsicht ihre Meinung geändert haben.

Den Gegner achten

Haben Sie zu der letzten Aufgabe viele Beispiele gefunden? Vermutlich nicht! Es ist erschreckend, wenn man sich vor Augen hält, welcher Kraftanstrengung es bedarf, einen Menschen von seiner einmal gefaßten Meinung abzubringen. Die Geschichte ist zwar voller Beispiele, aber allem Anschein nach darf man seine Meinung auch heute noch nicht ändern.

Damit soll hier nicht dem ständigen Wechsel das Wort geredet werden, sondern dem Wechsel aufgrund besserer Einsicht. Welchen Nutzen haben die vielen Politikerreden, wenn sie die Gegenseite gar nicht erreichen und umstimmen können? Man applaudiert dem Parteifreund, aber man zischt, ruft dazwischen oder liest demonstrativ die Zeitung, wenn der Gegner zu sprechen wagt, obwohl gerade der politische Gegner zu einer neuen, vielleicht besseren Sicht der Dinge führen könnte.

Die offene Auseinandersetzung

Ganz gleich, ob es sich um eine Debatte im öffentlichen Bereich oder um eine Geschäftsbesprechung handelt – es ist sehr selten, daß ein Gesprächspartner dem anderen einen Schritt entgegenzukommen bereit ist.

Ein treffendes Beispiel ist in diesem Zusammenhang eine Reklamation, deren Erfolg oftmals von der Kulanz des Geschäftsmannes abhängt.

Es zeigte sich in einem konkreten Fall, daß das Ergebnis umso klarer erschien, je länger die Auseinandersetzung dauerte. Der Geschäftsinhaber wollte nicht von seinem Standpunkt abweichen; denn ›wo käme er dann hin?‹

Vom vermeintlichen Recht beinahe erdrückt, sprach der Käufer dennoch den rettenden Gedanken aus:

»Wenn zwei Menschen eine Auseinandersetzung haben, ist es doch nie der Fall, daß der eine zu hundert Prozent Recht hat und der andere mit null Prozent dasteht. Das wäre ungerecht und hieße, an der Sache vorbeizuverhandeln.«

Diese kurze Einlassung rüttelte anscheinend an dem Ehrgefühl des Geschäfsinhabers, so daß schlagartig die Frage kam: »Was stellen Sie sich konkret vor?«; und es kam daraufhin zu einem vergleichenden Abschluß.

Zielvorstellung

Bei allen Konfrontationen ist es ratsam, sich schon vor dem entscheidenden Gespräch die Fragen zu überlegen:

- **Was stelle ich mir vor?**
- **Welches Ziel will ich unbedingt erreichen?**
- **Ist das von mir gesteckte Ziel auch für den Partner tragbar?**

Sachlichkeit ist Voraussetzung für ein gutes Vorankommen der Verhandlung. Emotionen sind hier fehl am Platze. Gehen diese außerdem an die verkehrte Adresse oder an einen Unschuldigen, so verpufft die gesamte Energie ohne irgendein positives Ergebnis.

Lesen Sie zu diesem Punkt das folgende Beispiel, das authentisch ist, aber wie eine Karikatur wirkt.

Die falsche Adresse

Ausgerechnet einem Rechtsanwalt, der sich täglich mit Formalitäten auseinandersetzen muß, passierte folgendes:

Er wollte sich für eine Besichtigungsfahrt mit Bundestagsbesuch in Bonn bei der Volkshochschule in K. anmelden und bekam ein Formular ausgehändigt. Beim Hinausgehen stellte er fest, daß für statistische Zwecke folgende Angaben verlangt wurden:

Alter, Geschlecht, Beruf, Studium...

verh./verw./gesch./getr. lebend seit...

Wohnorte der letzten fünf Jahre, und so weiter:

Daraufhin kehrte er zornerregt zurück und hieb mit Worten auf die ahnungslose Sekretärin ein: »Ich finde es unmöglich, daß man nach Alter und diesen ganzen Angaben gefragt wird, wenn es nur um eine Busfahrt nach Bonn geht. Was verlangen Sie denn noch alles? Soll ich am Schluß auch noch meine Schuhgröße angeben?...«

Abwehr des Angriffs

Die Sekretärin der Volkshochschule konnte nichts Konkretes entgegnen, da sie zu überrascht war. Bitte helfen Sie ihr mit einer Lösung.

Wie können Sie den Betroffenen beruhigen und ihn sachlich an eine zuständige Adresse verweisen? Überlegen Sie bitte auch, ob Ihre Lösung wirklich machbar ist.

Aus dem privaten oder beruflichen Bereich kann die Liste der Auseinandersetzung jetzt wieder ins politische Geschehen ausgedehnt werden.

Lesen Sie zu den folgenden Fragen die anschließend angeführte Rede aus einer Plenarsitzung des Deutschen Bundestags und erarbeiten Sie eine Lösung allein, mit Ihrem Partner oder in Ihrer Gruppe.

Fragen zum Text

- Gefällt Ihnen der Stil dieser Rede?
- Ist der Redebeitrag als Angriffsrede oder eher als Überzeugungsrede anzusehen?
- Kann der Redner mit seinen Argumenten das politische Gegenüber umstimmen?
- Wenn Sie diese Frage verneinen: warum nicht?
- Was fehlt in dieser Rede, um den Gegner zu erreichen?

Redebeispiel

Der Abgeordnete HARALD B. SCHÄFER (Offenburg) wirft dem Innenminister vor, sein Handeln bleibe hinter seinen Reden zurück, wenn er beispielsweise sofortige einschneidende Maßnahmen gegen das Waldsterben ablehne und gegen den Flächenverbrauch durch den geplanten Neubau von 3000 Kilometer Autobahn nicht protestiere. Die SPD habe als einzige Fraktion ein Notprogramm gegen das Waldsterben eingebracht. Unter anderem sagt SCHÄFER (SPD):

»...Sie fahren, Herr Bundesinnenminister, umweltpolitisch eine Doppelstrategie. In Sonntagsreden geben Sie mitunter programmatisch Richtiges von sich. Ihr Handeln hält Ihren rhetorischen Ansprüchen nicht stand. –«

Beifall bei der SPD. Zwischenruf FRIEDRICH ZIMMERMANN (CDU/CSU): »Beispiele!«

»Beispiel Waldsterben. Über das beängstigende Ausmaß der Waldschäden ist genug gesagt worden. Es ist auch übereinstimmende Auffassung, jedenfalls den Reden nach, daß sofortiges Handeln geboten ist.

...Sie, Herr Bundesinnenminister, beschwören immer wieder – ich zitiere – den Einsatz marktwirtschaftlich wirkender Instrumente für den Umweltschutz. Das ist Ihre Rhetorik. In der politischen Wirklichkeit verhalten Sie sich anders...

...Ich will ein weiteres Beispiel nennen für das Auseinanderklaffen von Rhetorik und praktischem Handeln, wenn es um Ihre Politik, Ihre Auffassung geht, Herr Bundesinnenmini-

ster. Wie schreiben Sie, wie reden Sie? Ich zitiere: ›Die Gefährdung des Bodens unter anderem durch Flächenverbrauch verlangt eine umfassende Schutzkonzeption.‹

Wir teilen diese Auffassung. Doch wie verhält es sich in Wirklichkeit mit Ihrer Politik, Herr Bundesinnenminister? Bundesverkehrsminister DOLLINGER kündet lauthals an, er wolle bis zum Jahre 1990 3.000 km Autobahn neu bauen. Ich frage Sie, Herr Bundesinnenminister ZIMMERMANN, wo bleibt Ihr Widerstand, wo bleibt Ihr Protest?«

FRIEDRICH ZIMMERMANN (CDU/CSU):

»Wir brauchen in Niederbayern noch Autobahnen! Fragen Sie Ihre Parteifreunde!«

»– Eben. Mit dieser Auffassung machen Sie deutlich, daß Ihnen tatsächlich an Umweltschutz nicht gelegen ist, –«

FRIEDRICH ZIMMERMANN (CDU/CSU):

»Bei uns ist 13 Jahre nichts gebaut worden!«

»– daß Sie bei der Fortschreibung der veralteten Politik vergangener Jahre bleiben, daß Ihnen zusätzlich 3000 km Autobahn wichtiger sind als der Schutz der Natur, als das Eindämmen weiteren Flächenverbrauchs. –«

Beifall bei der SPD.

FRIEDRICH ZIMMERMANN (CDU/CSU):

»15000 arbeiten in Dingolfing!«

»– Lippenbekenntnisse, Herr Bundesinnenminister. Ich bedanke mich für die Klarstellung, –«

FRIEDRICH ZIMMERMANN (CDU/CSU):

»Ein purer Demagoge sind Sie, sonst nichts!«

»– die Sie eben gegeben haben. Lippenbekenntnisse. An ihren Taten sollt ihr sie erkennen, Herr Bundesinnenminister...«

Für Sie als Leser kommt jetzt das Problem der Beurteilung. Lösungsmöglichkeiten wären:

- Es handelt sich um eine reine Angriffsrede.
- Ein Redner, der in einem so starken Maße angreift, wird sein Gegenüber nicht umstimmen können.
- Seine Rede fordert nicht zum Handeln auf, sondern reizt zum Widerspruch, da man sich verteidigen muß.

Erläuterungen

In welchen Punkten ist die Rede als gut oder weniger gut anzusehen? Dazu müssen Reden stets auf zwei Punkte hin betrachtet werden:

- Inhalt und seine Wirkung auf die Zuhörer,

- rhetorische Durchführung und deren Wirkung.

Die Rede des Abgeordneten SCHÄFER scheint inhaltlich schlüssig zu sein, er zeigt sich engagiert und nimmt Stellung zu der für ihn widersprüchlichen Haltung des Ministers, dessen Worte und Taten nicht genügend übereinzustimmen scheinen. Also wird dieser Mißstand angeprangert.

Versetzen Sie sich in die Situation des Redners, dem damit die rednerische Durchführung erschwert oder praktisch unmöglich gemacht wird. Die rationale und vermutlich emotionale Betroffenheit reißt natürlich mit: Er kann weder passiv noch neutral bleiben, sondern führt seinen Angriff gegen den Andersdenkenden oder Andershandelnden. Die angeführte Rede ist nur ein kleines Beispiel für alle anderen Beiträge, die jahraus, jahrein gegen Gegner oder auch nur vermeintliche Gegner gerichtet werden.

Hierbei wird man immer von einer Angriffsrede sprechen müssen. Durch die in ihr enthaltene Härte ist die Rede weit davon entfernt, den Gegner von seiner einmal gefaßten Meinung abzubringen und ihn umzustimmen. Das liegt aber auch nicht in ihrer Absicht. Sie will die Richtung der eigenen Position oder Partei nach außen hin deutlich festlegen.

Ein Großteil der im Bundestag gehaltenen Reden fällt in jene Kategorie, in der ein Gegner nicht zum Überdenken seiner eigenen Position gebracht wird. Er fühlt sich angegriffen und verschanzt sich, der Grabenkrieg beginnt.

Überzeugen statt Angreifen

Gegenüber der blockierenden Angriffsrede sollte häufiger die Überzeugungsrede ihre Wirksamkeit unter Beweis stellen. Sie ist bemüht, den Gegner aus dem Graben zu holen, ihn ritterlich zu behandeln und ihn vielleicht sogar ins eigene Lager zu bringen. Ein Kompromiß liegt der Überzeugungsrede nicht, aber sie ist imstande, in einzelnen Punkten ein Bündnis in Kauf zu nehmen, da es ihr um die Sache geht. Also gilt es, einen Anfang zu finden.

Aufgaben

- Lesen Sie das unten angeführte Redebeispiel und verfolgen Sie, ob die Rednerin insgesamt eine positive oder negative Erwartungshaltung steckt.
- Benennen Sie die Zeilen, in der die Rednerin mit Lob und Anerkennung ansetzt, um anschließend kritische Gedanken vorzubringen.
- Schreiben Sie die eindringlichen Formulierungen der Wunschvorstellungen oder Forderungen heraus, die an das Gewissen der Angesprochenen appellieren.
- Wie werden von der Rednerin Zwischenrufe behandelt?
- Inwieweit ist der Schluß dieser Überzeugungsrede als rhetorisch ansprechend anzusehen?

Lebendige Rede

Die FDP-Abgeordnete HILDEGARD HAMM-BRÜCHER sagte am 22. 11. 83 in der Debatte des Deutschen Bundestags zum NATO-Doppelbeschluß:

»Herr Präsident! Kolleginnen und Kollegen! Ich möchte versuchen, meinen Beitrag mit einigen Anmerkungen zum inneren Frieden einzuleiten. Meiner Vorrednerin so möchte ich sagen, daß sie für mich ein Beweis dafür war, wie schwierig es ist, miteinander umzugehen und aufeinander zuzugehen, wenn man mit so ausschließlicher Emotionalität, Einäugigkeit und auch einem Absolutheitsanspruch, recht zu haben, debattiert, ...«

Beifall bei der FDP und der CDU/CSU.

»...daß es beinahe schon übermenschlicher Kräfte bedarf, liebe Frau Kollegin KELLY, ...«

Abgeordneter HANSHEINZ HAUSER, Krefeld (CDU/CSU): »Dem überhaupt noch zuzuhören!«

»...wirklich zu versuchen, in diesem Disput um unsere Friedensfähigkeit die eigene Friedensfähigkeit nachzuweisen. –« Beifall bei der FDP und der CDU/CSU.

»Ich finde, daß die Debatte im großen und ganzen in dieser Hinsicht gar nicht schlecht gelaufen ist. Viele Kollegen haben hier eben doch etwas gezeigt, was, glaube ich, in der Auseinandersetzung wichtig ist, nämlich persönliche Betroffenheit. Sie haben gezeigt, daß sie hier in ihrer persönlichen Verantwortung sprechen aufgrund ihrer eigenen Auseinandersetzung mit Menschen, die eben von dieser Sorge umgetrieben sind. Aber dann kommt eben immer einmal wieder der Zeitpunkt, in dem man dann mit beiden Beinen auf dieser runden Erde stehen muß – denn so ist sie –, und wir wollen sie auch erhalten, meine Damen und Herren. Man muß immer wieder versuchen, wirklich davon runterzukommen, daß man sich nur von Gefühlen, nur von Einäugigkeit und einem Absolutheitsanspruch leiten läßt. –«

Beifall bei der FDP und der CDU/CSU.

»Wenn wir einmal versuchen würden, so miteinander zu reden und uns zu begreifen, dann würden wir, glaube ich, einen wesentlichen Beitrag zu diesem so dringend notwendigen inneren Frieden in unserem Lande leisten.

Ich glaube, daß die Friedensbewegung unter anderem deshalb außerhalb der klassischen Parteien entstanden ist, weil sie innerhalb der Parteien offenbar keine Aufnahme gefunden hat. Wenn wir auch in diesem Haus siebenundzwanzigmal über NATO-Doppelbeschluß und Abrüstung debattiert haben, scheint das verständliche Gespräch draußen doch offensichtlich zu kurz gekommen zu sein; sonst hätte das doch gar nicht diese Dimension annehmen können.

Da ich ja eine alte Vorkämpferin der politischen Bildungsarbeit bin, muß ich noch etwas anderes sagen: in diesen Gruppen ist mehr politisches Engagement entfaltet worden als von uns zusammen in 30 Jahren mit aller politischen Bildungsarbeit. –«

Beifall des Abgeordneten HANS-GUENTER TOETEMEYER (SPD).

»Hier müssen wir doch einmal Überlegungen darüber anstellen, was wir anders machen müssen, wie wir unsere Funktion als Abgeordnete – nicht nur als Parteivertreter – verstehen sollen. –«

DIETMAR KANSY (CDU/CSU): »Die Lehrer an die Beamtenpflicht erinnern!«

»Und dann ist ein Lernprozeß in Gang gesetzt worden, dem wir uns alle ausgesetzt haben und von dem wir doch alle auch viel gelernt haben. In meinem Leben trage ich ja nicht nur im politischen Bereich, sondern auch im Bereich der Kirche Verantwortung. Und ich habe mich diesen Auseinandersetzungen, die oft qualvoll waren, nun seit drei Jahren gestellt. Aber ich muß Ihnen sagen, daß vieles, was dort erarbeitet und gesagt worden ist, durchaus auch unsere Meinung hier in diesem Parlament beeinflußt hat. Und ich glaube, das sollten wir auch nicht außer acht lassen.

Mir als einer Politikerin, deren politische Grundüberzeugungen in der Auseinandersetzung mit dem Nationalsozialismus geprägt worden sind, macht ein Zweites große Sorgen. Das ist die erschreckende Geschichtslosigkeit, die in der politischen Argumentation in der Friedensbewegung offenkundig wird. –«

Beifall bei der FDP und der CDU/CSU.

»Diese Geschichtslosigkeit ist nichtreflektierte politische Geschichte. Und das führt dann zu dieser Einäugigkeit. Denn von hundert friedensbewegten Mitbürgern sind nicht zehn wirkliche Linke. Und sie argumentieren alle so, als ob sie Linke wären, weil sie das politische Geschichtsbewußtsein in Schule, Erziehung, Jugendarbeit nicht vermittelt bekommen haben. –«

Beifall bei der FDP und der CDU/CSU.

»Hier müssen wir einsetzen. –

...Ich wollte nun noch etwas zum äußeren Frieden sagen und wenn es geht, auch noch ein paar Anmerkungen zu meinen ganz persönlichen Bedenken und Einwänden machen. Meine Damen und Herren, nun zu dem, was man die Strategie der Abschreckung nennt. Mir ist sehr wohl bewußt, daß die Strategie der Abschreckung mit Atomwaffen, mit Massenvernichtungsmitteln, den Krieg in Europa über viele Jahrzehnte zu unser aller Glück verhindert hat. Diese Strategie der Abschreckung hat aber nicht den irrsinnigen Rüstungswettlauf verhindert. Daher glaube ich, daß das Niveau für eine Friedenssicherung mittlerweile trotz Abschreckung so hoch geworden ist, daß wir wirklich alle Kräfte anstrengen müssen – hier können wir zusammen zu streiten anfangen –, um herunterzukommen, die Strategien weiterzuentwickeln, wie McNAMARA und wie auch General ALTENBURG das gesagt haben. –«

Zustimmung bei der SPD.

»Dies ist auch in unserem Beschluß zum Bundesparteitag ganz deutlich aufgeschrieben. Wenn wir unsere Zuverlässigkeit im Bündnis unter Beweis gestellt haben, wird die Position unseres Landes gestärkt sein, und wir können mit neuen Initiativen, die von Herrn GENSCHER, von Herrn KOHL, von uns allen ja vorgetragen worden sind, wirklich von dem

Rüstungswahnsinn herunterkommen. Das ist doch unser aller gemeinsames Ziel. –«

Beifall bei der FDP und der CDU/CSU.

»Aber, meine Damen und Herren, wir haben uns vor 35 Jahren nach zwei Katastrophen unseres Vaterlandes endlich für die westliche Option entschieden, und wir sind doch gut dabei gefahren. Wenn man schon sonstige Vorbehalte hat, dann soll man dies doch wenigstens einmal zugeben. –«

Zustimmung bei der FDP.

»... Bei allen Ungewißheiten, vor denen wir stehen, dürfen wir nicht auch noch neue Ungewißheiten schaffen, welche Folgen ein Nein im Bündnis, in der Europäischen Gemeinschaft zur Folge haben müßte. Kein Rückfall in den kalten Krieg, das wollte ich noch einmal sagen. Viele Freunde und Weggenossen in Ihrer Fraktion, der SPD, sind wohl, glaube ich, mit mir einer Meinung, und sie möchte ich ermutigen. –«

Vizepräsident HEINZ WESTPHAL erinnert an das Ablaufen der Redezeit: »Es tut mir leid, Frau Kollegin Dr. HAMM-BRÜCHER.«

»Darf ich noch den letzten Satz sagen? – Nach Artikel 38 Absatz 1 unseres Grundgesetzes sind wir Vertreter des ganzen Volkes, und hier möchte ich auch jedes einzelne Mitglied der Friedensbewegung mit einbeziehen. Ich möchte hinzufügen: in welcher Frage – wenn nicht in dieser Entscheidung – tragen wir alle gemeinsam eine große Verantwortung? Ich bin trotz kleiner Ärgernisse in dieser Debatte – ich will es nicht schärfer sagen – nicht ohne Zuversicht, daß sich dieses Parlament dieser Verantwortung gewachsen zeigen wird. – Vielen Dank.

Beifall bei der FDP und der CDU/CSU sowie bei Abgeordneten der SPD.

Analyse der Rede

- Nach Überbrückung der Anfangsbetroffenheit aufgrund des Beitrags der Vorrednerin zeigt die Rednerin eine positive Erwartungshaltung.
- Lob und Anerkennung mit anschließender Kritik findet sich in den Zeilen 17 folgende und 47 folgende.
- Die Wunschvorstellungen und Forderungen lauten:
  Zeile 28: Man muß immer wieder versuchen...
  Zeile 53: Hier müssen wir doch einmal Überlegungen darüber anstellen...

Zeile 68: Und ich glaube, das sollten wir auch nicht außer acht lassen.

Zeile 85: Hier müssen wir einsetzen.

Zeile 119: Bei allen Ungewißheiten dürfen wir nicht auch noch neue Ungewißheiten schaffen...

125: ...und sie möchte ich ermutigen.

Zeile 136: Ich bin trotz kleiner Ärgernisse in dieser Debatte – ich will es nicht schärfer sagen – nicht ohne Zuversicht,...

- Die Rednerin läßt sich durch Zwischenrufe nicht irritieren; sie setzt ihre eigenen Gedanken geradlinig fort, auch wenn versucht wird, ihre Sätze in eine andere Richtung als von ihr beabsichtigt zu biegen.
- Die durch Verneinung zurückgenommene Form »...nicht ohne Zuversicht« wirkt als starker Impuls auf die Zuhörer und spricht mehr Hoffnung auf das Handeln der Adressaten aus als die übertriebene Bejahung ». . voller Zuversicht«. An dieser Stelle erweckt die Rednerin gezielt Positives für das spätere Handeln der Zuhörer.

Wirkung auf die Zuhörer

Es kann in einer Angriffsrede und einer Überzeugungsrede dasselbe Gedankenmaterial vorliegen. Sogar die Inhalte mögen sich bei beiden decken, aber dennoch wird die Sprache völlig verschieden sein. Daraus resultiert eine besondere Wirkung auf die Zuhörer, die teils beabsichtigt, teils unbeabsichtigt ist.

Falls Sie einen Funken Hoffnung haben, den Gegner zum Überdenken seiner Meinung bringen zu können, sollten Sie als Redner immer der Überzeugungsrede den Vorzug geben. Erst wenn Ihnen der Fall als völlig hoffnungslos erscheint, wenden Sie die Angriffsrede an, die allein den Zweck verfolgt, Mißstände anzuprangern und zusätzlich Dritten das Problem bewußt zu machen, an dem der Gegner versagt. In diesem Sinne ist sie das letzte Mittel, wenn eine Lösung oder Einigung in der Sache selbst ausgeschlossen wird.

Im Gegensatz zu den Wirkungen, die eine Überzeugungsrede bei ihm hervorruft, wird in der Angriffsrede der Hörer total blockiert und kann aus seiner ihm zudiktierten negativen Rolle nicht heraus.

Dem Gegner wird eine Überprüfung seiner Meinung unmöglich gemacht, denn seine gesamte Energie gilt nunmehr der Verteidigung gegen den Angriff.

Der Redner, der eine andere Meinung von vornherein abqualifiziert, darf nicht damit rechnen, das Gesprächsgegenüber auf seine Seite zu holen.

Fehler im Denken oder sogar im Handeln des Gegners zu erkennen und vor ihm selbst oder einem Plenum zur Sprache zu bringen, ist zwar sehr mutig, bietet aber rhetorisch wenig.

Eine Angriffsrede soll die Ausnahme sein zugunsten der Überzeugungsrede, damit gewährleistet wird, daß nicht bloße Worte als letzte Instanz dastehen, sondern eine anschließende Tat das erklärte Ziel einer freien Rede ist.

Lernerfolg

Die Lernziele von Kapitel 16

In Kapitel 16 haben Sie sich Wissen erworben, das Sie dazu befähigt, mit einem oder mehreren Gesprächspartnern und auch mit Gegnern in eine offene Auseinandersetzung zu treten.

- Sie haben erkannt: zuerst Gemeinsames aufzuzeigen, erst danach zu kritisieren, denn negative Kritik allein bewirkt nichts Konstruktives.
- Soll ein Streitgespräch zu einem positiven Ergebnis führen, gilt es, an erster Stelle das Verbindende aufzuzeigen.
- Dabei muß in einer Konfrontation Sachlichkeit gegenüber Emotionen den Vorrang haben.
- Sie haben gelernt, wie Sie sich durchsetzen können, wenn Ihr Gesprächspartner Sie übervorteilen will.
- Bereits vor Gesprächsbeginn sollten Sie sich überlegen, welches Ziel Sie erreichen wollen.
- In der Konfrontation mit dem Gesprächspartner ist das Vorhandensein von Vorurteil und einmal gefaßter Meinung von nicht geringer Bedeutung. Auch wenn Sie wissen, daß es einer Kraftanstrengung bedarf, andere von einer vorgefaßten Meinung abzubringen, geben Sie nicht gleich auf!
- Es ist eher möglich, die Zuhörer durch eine Überzeugungsrede umzustimmen als durch eine Angriffsrede.
- Eine Angriffsrede kann nur dazu dienen, Mißstände anzuprangern, sie an die Öffentlichkeit zu bringen und die eigene Anhängerschaft zu bestärken.

Glaube
an alles, was du tust.
Nur dem Menschen, der an sich selbst glaubt,
öffnen sich die Türen aller Welten.
Glauben ist gänzlicher Verlaß auf den alles
belebenden inneren Geist.
Wisse, daß du dieser Geist bist.
Laß deine Taten von der Kraft des Geistes
begleitet werden, sei es ein Gedanke,
ein Wort oder eine Tat.

Yesudian

SCHLUSSKAPITEL

Vom Redekurs zur Redepraxis

Mit der Arbeit anhand dieses Rhetorik-Übungsbuches sind Sie in zwei verschiedene Richtungen geleitet worden. Sie sind einerseits ein Redner geworden, der durch Wort, Mimik und Gestik seiner Überzeugung Ausdruck verleihen kann; andererseits haben Sie sich durch die Partner- und Gruppenarbeit in die Funktion des wachsamen, kritischen Hörers begeben. Auch hier wurden Ihnen Leistungen abverlangt; denn Hörer sein heißt, aktiv zu sein im Mitdenken und aktiv zu werden im späteren Handeln.

Dieses Buch hat Sie ein Stück des Weges begleitet, wie ein Lehrer mit einem Schüler eine gewisse Zeit mitgeht, bis sich ihre Wege trennen. Danach erst beginnt der Schüler, seine eigenen Kräfte auszuleben und sich zu bewähren.

Wenn Sie den Rhetorik-Kurs abgeschlossen haben, besitzen Sie bereits viele Kenntnisse, die Ihnen in der Arbeit als Redner helfen können. Der nächste Schritt wäre jetzt, daß Sie sich darüber klarwerden, was Sie mit Ihren erworbenen Rhetorik-Kenntnissen anfangen wollen und welche Ziele Sie sich für die Zukunft stecken.

Sie werden erstaunt sein, was Sie im einzelnen zu erreichen vermögen. Ihr Können steht und fällt mit dem Satz WILHELM VON HUMBOLDTS:

»Man kann viel, wenn man sich nur recht viel zutraut!«

Dieses ›Sich-recht-viel-Zutrauen‹ möge Ihnen als Wunsch für eine erfolgreiche Redner-Tätigkeit mitgegeben sein. Der zweite Wunsch bezieht sich auf die Wahrhaftigkeit Ihrer Rede. An dritter Stelle schließlich soll die Erinnerung daran stehen, daß nicht die Rede, sondern die von der Rede ausgelöste Tat entscheidend ist.